またまたおうちで禅

花岡博芳　著
川口澄子　画

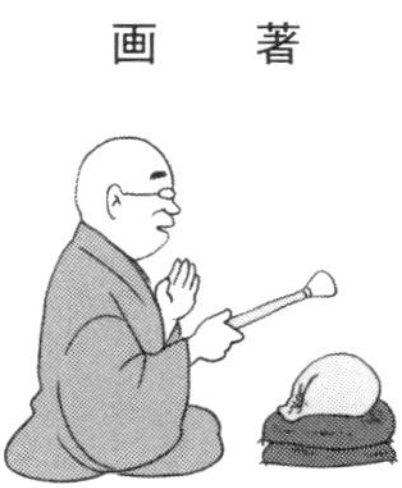

春陽堂書店

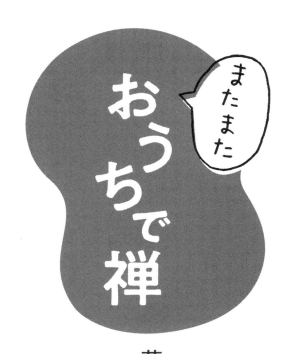

はじめに

　自動車の運転免許をとって数十年。優良ドライバーではないけれど、たいした事故も起こさずに過ごしてきました。そんな筆者が少し前から、マニュアル車を運転しています。今どき珍しい手動の車にどうして乗っているのか。坊主根性よろしく、タダでいただいた車がマニュアル車だったから。

　オートマチック車ならば、法衣《ほうい》を着て雪駄《せった》を履いて操作できるけれど、マニュアル車はそうはいきません。法衣の長い袖はギアのシフトレバーにひっかかるし、雪駄はクラッチを踏み込む時にすべります。結果、姿勢を正して、運転に集中せざるを得ない。スマホを片手になんて、滅相もない。不便ではあるけれど、それが新鮮で楽しいんです。でも、お釈迦さまはおっしゃっています。「古いものを喜んではならない。また新しいものに魅惑されてはならない。滅びゆくものを悲しんではならない」（スッタニパータ）、と。

　絶滅危惧車となって、やがて消えていくかもしれないマニュアル車です。だから、現代人がマニュアルと聞いて思い浮かべるのは、自動車ではなくて、「手引書、説明書」としてではないか。『日本国語大辞典』（小学館）で「マニュアル」を調べると、深田祐介著『新西洋事情』（一九七五年）の一節を、取扱説明書の例話としてあげているから、昭和五十年代のはじめには、手引書＝マニュアルとして使いはじめられたのだろうか。

「手引」って、手を引いて目的地まで連れていくことでしょう。そんな存在が身近にいたらうれしい。が、マニュアルという言葉に、ぶ厚くて難解、そして、文字にとらわれて規則や手順を越えられない不自由さをイメージしてしまうのは、筆者だけでしょうか。

言ってみれば、仏教の経典も生き方を手引してくれるマニュアルです。大量の文字が並んでわかりにくいのは、現代のデジタル製品の取扱説明書と同じ。教条主義あるいは原理主義という言葉もあるように、自由を説きながら、かたくなになってしまうのも似ている。

こんなふうに近寄りがたい仏典には、何が書いてあるのか。人生で大切なテーマは、真理（仏）とガバナンス（法）、そして、パートナー（僧）だという仏法僧の三宝《さんぼう》の教えを高くかかげながら、「食する毎に節量を知るべし」（雑阿含経《ぞうあごんきょう》）とダイエットの方法まで載っているから、なんでもござれ。ただし、目的地の方向はしめしても、そこへ到達するためには、「愚かな者を道伴れとするな。独りで行くほうがよい。孤独で歩め」（法句経《ほっくきょう》）と突き放す冷徹なところがある。

ところで、この本のタイトルのことです。「またまた」と名のるからには、二度目なわけです。二〇二一年七月に『おうちで禅』（春陽堂書店）を出版していただきました。時あたかも、コロナ禍で迎えた二年目の夏でした。テレワーク、ステイホーム、おうち時間なんて言葉が流行した季節です。そうした気分に少しばかり迎合したタイトルだけど、もともと仏教も禅も生活のなかにあります。日常と離れた高いところから見下ろしていたら、今ごろ釈尊の教えは消滅していたでしょう。ネタは毎日の暮らしの中にころがっているのです。前著に載せきれなかった文章と、新たに書いたものを加えて一冊にまとめました。

それにしても、「（またまた）なんて吹き出しをつけないで新しい気のきいたタイトルは考えだせないのか」、と呆れる読者もおられるにちがいない。しかし、「ふふーん、あれを真似たか」とにんまりする読者もおられるでしょうか。真似た「あれ」とは、作曲家の團伊玖磨（一九二四〜二〇〇一）さんが長年にわたって書き続けた『パイプのけむり』シリーズのタイトルです。例をあげれば、『パイプのけむり　さてさて』、『パイプのけむり　またして』、『パイプのけむり　重ね重ね』と言った具合で、「降っても」「晴れても」「暮れても」「明けても」「よもすがら」とつづきます。名文家でもあり、多くの名曲をのこした芸術家には遠く及ばないけれど、ほんのちょびっとでもあやかりたい。

そして、章立てに坐禅のマニュアルである『坐禅儀《ざぜんぎ》』の言葉を借用しました。『坐禅儀』は中国は宋の時代の禅僧、慈覚大師宗賾《じかくだいしそうさく》が作成した手引書で、坐るための支度から、きちんと坐れるようになったあとに、妨げとなる気分まで明かしてくれます。それは、坐るだけのマニュアルにとどまらず、何かを始めようとするとき、あるいは途中で止まってしまったときの手引になりはしないだろうか。そこで、初心から円熟するまでのステップを現代語訳して、1章「心を起こせ」、2章「捨てて休んで」、3章「整える」、4章「覚《さ》める」、5章「浪《なみ》を静めて」、としました。

文章のギア（歯車）を上げたり、下げたりして書いています。スッと入りこめる文からページをめくってください。生き方を助けるマニュアルになりますように。

本書は、月刊『大法輪』（大法輪閣）に、平成二十六年四月号より令和二年七月号まで、隔月で連載されたものと、妙心寺派月刊誌『花園』、令和四年四月号より翌年三月号まで連載されたものを加筆修整し、新たに書き下ろした文章を加えて編集しました。

もくじ

1章　心を起こせ

2章　捨てて捨てて休んで

3章 整える

4章 覚《さ》める

5章 浪《なみ》を静めて

イラスト 川口澄子
ブックデザイン 山原 望

1章 心を起こせ

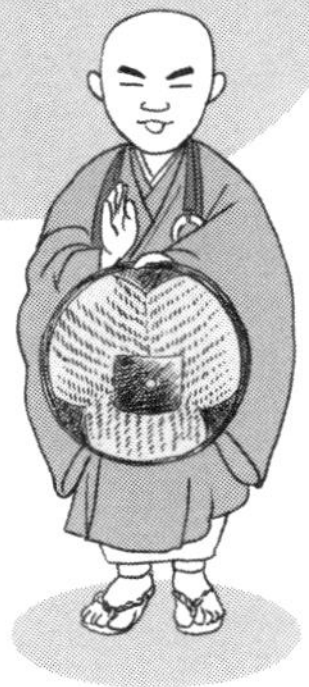

どうして「心を起こせ」なのか？

ありきたりな言葉でいえば、心は整えたり、開いたり、燃やしたりするもの。なのに、起こせという。起きるとは、眠りからさめて新しくはじめること。ならば、今の私は寝ているのか。起きているのか。あるいは折れているのか。それぞれの季節にそれぞれの人が、どう起きたか。起きられなかったか！

この本の章立ては、中国は宋の時代、一一〇〇年頃に編集された『坐禅儀《ざぜんぎ》』の言葉から引用します。編者は慈覚大師《じかくだいし》宗賾《そうさく》と伝えられています。『坐禅儀』と題する書物は何人もの作者（禅僧）によって書かれています。坐り方は同じでも、現場でコーチするのではなくて、マニュアルを作るとなると、「これまでのものは、あれが足りない。これは言いすぎる」。ならば、「私が書こうか」と、なるのは自然なこと。それは、健康法の本が限りなく出版され、作家や記者、学者さんによる「文章の書き方」についての本が、絶えることなく書店に並ぶのに似ています。

いくつかある坐り方手引書で、一般的なのが慈覺大師編集の『坐禅儀』でしょうか。「儀」は「作法、礼儀」（広辞苑）を意味します。全部で六百四十字ほどの手引書の冒頭にあるのが、「まずどうしても大悲の心を起こし（先当起大悲心）」の一節。漢字六字の原文のなかで、活きのよい言葉は「起」でしょうか。では、この本も起こしてみましょうか。

1 心を起こせ

子を養ってまさに父の慈を知る——『臨済録』

字のない葉書

向田邦子（一九二九～八一）さんのエッセイに、『字のない葉書』があります。終戦直前の数か月間に向田家で起きたことをつづった作品です。作者が航空機事故で足早にこの世を去った数年後には、中学校国語の教科書に掲載され、令和になってからも絵本になり、今でも余熱の冷めない読み物です。戦争末期、邦子さんは女学校三年生。四百字詰め原稿用紙五枚ほどの短い文章から、数行をひろってあらすじにしましょうか。

〈終戦の年の四月、小学校一年の末の妹が甲府に学童疎開をすることになった〉。〈父はおびただしいはがきにきちょうめんな筆で自分あてのあて名を書いた。「元気な日はマルを書いて、毎日一枚ずつポストに入れなさい。」と言ってきかせた。妹は、まだ字が書けなかった〉。〈一週間ほどで、初めてのはがきが着いた。紙いっぱいはみ出すほどの、威勢のいい赤鉛筆の大マルである〉。〈ところが、次の日からマルは急激に小さくなっていった。情けない黒鉛筆の小マルは、ついにバツに変わった〉。〈まもなくバツのはがきも来なくなった〉。

その頃、日本各地は空襲されて、鉄路も道路もあちこちで寸断されていたでしょうに、日にちはかかっても、一枚の葉書がきちんと届くのですね。一度だけでなく、次の日も、次の日も、届くわけです。事実だけをたんたんと書くから、読む者にずっしりときます。

ところで、字のない葉書から七十余年後の令和五年三月、筆者は向田家の父親と同じことをしました。筆者の長男が禅の僧堂《そうどう》（修行道場）に掛搭《かとう》することになったのです。掛も搭も、「物を掛ける、つるす」の意味があります。かぶっていた笠をとって壁に掛け、履いてきたワラジを脱いでつるす。つまり、行脚をやめて道場へ入門することです。

掛搭後は自由に外部と連絡ができません。だから葉書を数枚用意して、筆者宛の名と住所を葉書に記しました。新しく暮らす場所のきちんとした名称も知らないだろう。入門後の地名も左下に添えました。「埼玉県新座市野火止《のびどめ》　平林僧堂内《へいりん》」、と。息子に言いました。

「必要なものがあったら、この葉書で知らせなさい」

外部との連絡ができないならば、自分で買い物に出れば良いではないか。そのくらいの時間はあるでしょう。いやいや、道場は修行者が寺域内から外へ出ることを極端に制限します。通信もダメ、外出もダメ。こんな、自由のない場所へ行く決意をいつしたのか。迷って悩んでさまよったあげくの覚悟だったようです。

令和がはじまって二度目の夏。長野市にある大学の工学部に進んでいた息子が宣言しました。

「子どもの頃から行く先を悩んで、もう迷いたくない。修士課程に行って就職する」

寺に生まれて育ったがゆえに、いじめられたこともあったかもしれない。疑問をもって苦しんで、たどりついた結論なのだろう。その晩、筆者は夢にうなされました。寺を出ていく息子の後ろ姿を見送る夢でした。二年後の梅雨時、下宿している息子が帰ってきました。夏休みでもないのに、帰省するとは珍しい。就職先を告げに来たと心の用意をしました。でも、意外な言葉でした。

「春になったら、僧堂へ行く」

変化した心模様を聞きたかったのですが、それは野暮というもの。
「ありがとうよ。きちんと支度しておくから」

禅は生活の技術

臨済宗の道場へ行く支度というのは、少し手間がかかります。竹を編んだ網代笠と木綿衣《ころも》に夏は麻衣。足もとはというと脚半《きゃはん》にワラジで、持鉢《じはつ》と呼ばれる食事をするための五枚組みお椀セットも支度せねば。まだまだいっぱいあるけれど、どれもこれも、少量生産の絶滅寸前の品物ばかり。藍染めの木綿も麻も竹も、かつては身近な材料であったものが、入手困難になりつつあるという。「禅は生活の技術」という名言を遺したのは、芸術家のイサム・ノグチ（一九〇四〜八八）ですが、自然素材に囲まれて、生活の純度をあげるのが僧堂です。

そんな僧堂に入るには、浮世離れした入門試験を経験しなければなりません。庭詰《にわづめ》、旦過詰《たんがづめ》です。どんな関門なのか。春ならば藍染めの木綿衣を身につけた旅装で、道場の玄関に入ります。上がりかまちに頭をつけた格好で「たのみましょう」と声をはりあげる。「たのみましょう」の合いの手は「どーれ」。すぐにこたえてくれるのはまれで、大きな声がでるまで、何度もくりかえさせられます。やっと「どーれ」と応じたら、「いずこより」と尋ねられる。「何県何町何々寺徒。当道場に掛搭いたしたく、よろしくお取り次ぎを願います」。それを聞いた雲水（修行僧）は、床板に置かれ差し出された封筒を持って奥に引き下がります。封筒には、あらかじめ毛筆で自筆した「掛搭願書」「誓約書」「履歴書」と「戸籍抄本」が入っています。しばらく経つと、応対の雲水がふたたび出てきて、次のような台詞を並べます。

「当道場はただ今満衆につき（修行僧が少なくてもやせ我慢をする）、また貴公のような立派な方が入るところではありません。他の道場へお回りください」。それを聞いて、「ここはダメなのか」、と引き下がったら、どこの道場へも入れない。日本全国同じ対応をするのですから。

こうして、二日間は朝から夕方まで玄関で坐り込み、三日目からは旦過寮という小さな部屋に押し込められて、坐り続ける。合わせて五日間、あるいは七日間で第一関門突破。この関門を通るから、その後の坐禅修行にも耐えられます。でも、恥ずかしながら、わが子がやるとなると、こんな理不尽なことをさせるのか、とためらう。気づきました。筆者の亡き父と母はどんな気持ちだったのだろうか。『臨済録』にある名句が浮かびます。

「子を養ってまさに父の慈を知る」

さて、わが子は、仏教系ではない一般の大学に通っていたから、初歩的な作法やお経にもなじんでいない。下宿を引き払ってからは、夜明け前に一緒に本堂で朝課をしました。亡くなった筆者の両親がどこからか降りてきて、聞いている気配がします。わが子は吹っ切れた様子で大きな声でお経を読みます。迷って悩んでさまよった分だけ、強く心を起こしていました。

掛搭する道場は平林寺。筆者の師父も、そして筆者も過ごした僧堂です。掛搭の日は四月一日と決めました。網代笠をかぶって、ワラジをつけて歩いて行くのが本来ですが、五十キロはある。ぶさいくだけど早朝に車で送って行くことにしました。門前の駐車場に車を駐めて送りだす時、筆者は内緒にひとつの儀式を用意していました。

花園大学の学長もつとめられた盛永宗興老師（一九二五〜九五）が、僧堂へ掛搭する朝の名場面です。道場へ向けて出発しようとしていると、いつもは威張っている師匠が土間へ下りてきて、弟子の足もとにうずくまり、ワラジを結びつけようとする。お師匠さんがおっしゃったそうです。「めったなことでこの結び目を解くなよ」。もちろん、道場ではワラジを脱いで建物に上げてくれます。今、起こした心を忘れるなよ、という励ましです。涙をボロボロこぼして行って参りますと深々と頭を下げ、道場へ歩いていったという。

これを筆者は門前の駐車場でやろうと目論んでいたのですが、できなかった。ワラジを見ると、歩いてきたわけではないので、きちんと結ばれています。「まぁー、いいか」と思ってしまった。しまらない送別です。真似はだめですね。深く心を定めていないと、できないもんです。そんな筆者をわらうかのように、わが弟子は一度も後ろを振りかえることなく、広大な平林寺の境内に吸い込まれていきました。

さて、真似はだめといえば、向田家のお父さんにならって筆者宛の名を書いて渡した葉書は、未だに一通も届かない。便りがないのは元気なしるし、ではあります。

2 「いつ」「誰に」心を起こせばよいか

62歳3か月　秋の朝だった若者から初めて席を譲られたのは――大島光信

優先席デビュー

昼下がりでした。列車に乗りました。混雑はしてないけれど空席はなさそうで、優先席に若い男がすわっています。前には八十代の女性が立っています。しょうがねえなー、と見ていると男はすくっと立ち上がり無言で車両の前方へ歩いていきます。老人はとまどいながらも、優先席にすわりました。ひとこと、「どうぞ」と言えば良いのに。そう思いながら、男の行く先に目をやると乗車してきた恋人らしき女性と言葉をかわしています。男は老人に席を譲ったのではなく、彼女が列車に乗ってきたので席を立っただけ、とも言える。まぁー、結果オーライということで。

席を譲り譲られるのは、間合いの難しいものです。言ってみれば、「いつ」「誰に」心を起こせばよいかは簡単ではありません。

たとえば、筆者の知人は三十半ばの頃、列車内で席を譲られるという珍事を経験したようです。知人も僧侶です。その時は作務着に頭陀袋を肩からかけていたけれど、お坊さんだから席をあけてくれたのではなく、老人だからと譲ってくれたらしい。知人は小柄で年寄りじみて見えるけれど、譲ってくれたのは、どう見ても自分より年配だったという。それで、「いえいえ、結構です」と断ったか。わが友は、腰をちょっとまげて、合掌してしみじみと、「ありがとうございます」。そうお礼を述べて空いた席にすわったというから見事です。

筆者もすでに譲られる年齢になりつつあるけれど、幸いにまだ譲られたことはない。譲られたら複雑な気分を味わうだろうとおそれて、「優先席デビュー記念日」をいかに迎えるかを思案して、優先席付近には近づかないように逃げている往生際のわるい昨今です。

雲水はデンと座っとくものだ

列車で席を譲るといえば、ひとりのカナダ人を思いだします。名はブライアン・バークガフニ（一九五〇～）、前世は日本人ではなかったかと思うほど（前世来世の存在は別にして）、正しく深く日本を理解しています。なぜなら、僧名を「来庵《らいあん》」と称し、雲水《うんすい》（修行僧）として、京都の妙心僧堂で九年間も過ごしたのですから。

妙心僧堂は呼び名からも察しがつくように、大本山妙心寺の塔頭《たっちゅう》（子院）で、数ある修行道場のなかでも厳格なところとして知られています。どのくらいきびしいのか。ブライアン・バークガフニ著『庵』（グラフ社）に次のような一節があります。

「外の世界はすでにハイテクの時代になっているというのに、そこでは十三世紀に日本に禅寺が創建されて以来ほとんど変わることのない生活様式が、かたくななまでに守られていた。電球と時計を除いて、十三世紀以来この牙城に侵入しえた文明の利器を私は他に思いつかない。煮炊きはまきを使って大きなかまどで、洗濯は井戸水を利用して手で、風呂は本山の庭でいくらでもとれる松葉を燃やして……」

来庵さんが僧堂に入ったのは、一九七四年（昭和四十九年）の秋です。それから半世紀近くが経っていますが、妙心僧堂に限っていえば、環境はほとんど変わってないと思う。この文章を書くために、本棚の奥にあった『庵』をとりだして久しぶりに読んだのですが、九年間も僧堂に居たのはすごいことで、短くはない修行をした人が、綿密に道場の内部を記述した本は他にないのではないか。日本人ですらタイムトンネルをくぐり抜けたような生活に、言葉も習慣も異なる他国の若者が挑んだのですから、その苦労やさぞかし、と想像するのですが、さらりと失敗談を明かしてくれます。

来庵さんが僧堂に入門して一年半が過ぎて、畑で野菜を栽培をする係（園頭《えんず》）になります。野菜を育てる知識などまったくありません。明治時代以来、代々の園頭が書き残した記録簿と格闘して春先は大根を植える時期だとわかります。京都市内のタネ屋へ行き、ジム大根を注文します。店主は「そんな名前、聞いたことありまへんわ」と言いつつも調べてくれます。でも、ない。店主が最後に提案しました。「今の時期でしたら、時無大根《ときなし》が一番でっせ」。袋に書かれている漢字を見てハッとする来庵さんでした。

九年間にわたり日本の奥深くに潜入したカナダ人に転機が訪れます。数人の雲水と一緒に僧堂をすでに隠居している先代の老師のお伴をして、滋賀県の草津駅から列車に乗った時です。来庵さんを除く全員が席に座っています。ふだん口を開くことのない老師が言いました。

「そこに座りなさい」

その席はシルバーシートでした。次の駅で年配の婦人が乗ってきます。来庵さんは席を譲ります。目的地に着いてから、先輩雲水から非難されます。

「雲水はデンと座っとくものだ。妄想をかいてはいかん。分かったか！」

来庵さんは思います。「確かに雲水はデンと座っとくものなのだろうが、電車で誰かに席を譲るべきか否かについての助言など、私には必要ない。自分で十分決められる」。そして、決心します。「すべてのしがらみから、束縛から、理想から、我が身を解き放とう」。この後、僧堂を退いて長崎へ移り住み、ＮＨＫの大河ドラマに出演し、大学教授に就任するなど活躍されています。

さて、「雲水はデンと座っているもんだ」。これは来庵さんだけでなく何人もの修行者を悩ませた難問です。西村惠信著『鈴木大拙の原風景』（大蔵出版）に、ある禅僧の修行時代の逸話が収められています。道場の師家（指導者）である老師と一緒に托鉢にでた時、坂道にさしかかったところで、重い荷物を積んだ車が坂道を登りかねています。修行者は無意識に托鉢の列から離れて、車の後ろを押しました。それを見た老師が言いました。

「修行者ともあろうものが、人の車に気をひかれるようでどうする。そのような無道心者は修行する資格がないから、叩き出せ」

これに対して西村先生は「真の救いは、救われるもの自体が、その立場を脱することでなくてはならない」、とキエルケゴールの研究者らしい難解な解説を添えられているので、凡僧にはますますわからなくなってしまう。紙幅もつきてきたので、筆者は臨済禅中興の祖と慕われる白隠《はくいん》（一六八五〜一七六八）の次の逸話を引いて、「雲水はデンと座っているもんだ」の見《けん》解《げ》としましょうか。

宝永四年（一七〇七）十一月、富士山が大噴火します。白隠は二十三歳。現在の静岡県沼津市原にある松蔭寺《しょういんじ》に居ました。芳澤勝弘編『新編白隠禅師年譜』（禅文化研究所）は、「建物は音をたてて震動した。兄弟子と手伝い方の童僕たちは、みな走って、一緒に郊外に逃げてうずくまっていた」と、その時の様子を伝えます。みなが逃げるなか、白隠は動かなかった。ひとり本堂で坐禅を続けたのです。なぜか。

いつもは秀麗な姿で見る者をなごませる富士のお山が、火柱をあげ鳴動するのはまさに地獄絵図。地獄に手をさしのべて助けるのではなくて、自分が地獄に居続ければ、村人らの不安と動揺が収まるかもしれない。今の言葉でいえば、「寄り添う」こと。軽い調子で「寄り添う」なんて言葉をよく聞く今だけど、ここまでの覚悟があるだろうか。

3 その時、心を起こせなかった人へ

「人間には志というものがある。妄執と申してもよい。この妄執の味が人生の味じゃ」

――司馬遼太郎『梟の城』

ニッチな新聞

「業界紙」という言葉があります。広辞苑は「特定の業界に関する報道を取り扱う新聞」と説明してくれます。仏教界にも、一般新聞では記事にならない、各宗派や教団内の事情に特化した新聞がいくつか発行されています。何紙かある中で、明治三十年創刊の『中外日報』は老舗的宗教新聞でしょうか。

おそらく、この文章を読んでいるほとんどの人が、はじめて聞く新聞の名にちがいありません。そんな方には、司馬遼太郎の直木賞小説『梟の城』は、最初『梟のいる都城』というタイトルで、『中外日報』紙上に連載された、と書けば少しは興味がわくかも。連載は一九五八年（昭和三十三年）で、翌年の下半期に直木賞を受賞しています。

　司馬遼太郎にとって、最初の長編小説創作の舞台を提供したのが、仏教系新聞だったというのはおもしろい。しかも、仏教の新聞だからといって、小説の主人公は宗派を起こし、教団を開いた祖師ではなく、忍者だったというのは意外です。だが、残念ながら自分がつくり、育てた新聞紙上で国民的大作家が産声をあげたのを創刊者は知らない。

『中外日報』の創刊者は、その二年前にこの世を去っています。名を真渓涙骨《またにるいこつ》（一八六九〜一九五六）といいます。「またに」という、珍しい苗字はともかく、「涙骨」はペンネームです。若いころ「幸子」という名の女の子を授かったが満一歳で亡くなる。葬儀からの帰り道、骨箱を抱えていると涙が流れて、わが子の骨に染みこんだ。以後、涙骨がペンネームになり、本名の正遵は名のらなかったとのこと。

　正遵という名前からも、何やら仏教の香りがただよってくるけれど、生まれは福井県にある興隆寺（浄土真宗本願寺派）。八歳の時にした説教が、門徒宗に評判を呼ぶ、という神童ぶりを発揮して、十六歳で現在の龍谷大学に進み仏道修行にも励みます。しかし、それから十年近くにわたり、各地を放浪して職を転々とする。この間の消息は不明だという。青春漂流です。明治三十年に京都に舞いもどり『教学報知』と名づけた、タブロイド版八頁のミニコミ紙を創刊し、五年後に、『中外日報』と名をあらため、何度かの廃刊の危機を経験しながらも、現在まで続きます。

涙骨が、「八十八歳で天寿を全うするまで書き続けたその箴言《しんげん》、警句」をまとめた書籍があります。山折哲雄監修『涙骨抄』(法藏館)です。この本の中で、ズシンとくる名言を見つけました。ご紹介します。

自ら物を買う時は再考を要し、人に物を施す時には再考すべからず。

涙骨が亡くなる昭和三十一年以前の言葉にちがいないのですが、断捨離の時代が到来するのを予想したかのような戒めは、さすがジャーナリスト。と、思うのです。

『小僧の神様』

ところで、人に物を施す時、考えてしまい時を失い、後悔するエリートの心模様を描いた短篇小説があります。志賀直哉（一八八三～一九七一）の『小僧の神様』です。大正九年に発表されて、作家は三十七歳でした。この頃、いくつもの小篇を世に出し、長編小説も書きはじめ、遅筆な作家としては生涯で最も仕事に打ち込んでいたという。

物語の主人公は仙吉。神田に店をかまえる秤屋の小僧です。歳は十数歳でしょうか。秋のある日、番頭たちが話す鮨屋の噂話を聞いて、「早く自分も番頭になってさう云う店の暖簾をくぐる身分になりたい」と思います。

それから数日した夕暮れ、使いに出された仙吉は帰り道に屋台の鮨屋に飛び込みます。欅の板に並んだ鮪の鮨を一つ手につかむ。鮨屋の主《あるじ》が言う。「一つ六銭だよ」。懐には四銭しかなかった。黙って鮨を台の上にもどして外へ出ていくのでした。

その光景をずっと見ていた若い男がいます。貴族院議員のAです。Aは「何だか可哀想だった。どうかしてやりたいやうな気がしたよ」と言い、何もできなかった自分は、「勇気がないんだ」と悔やむ。

ところが数日後、Aは偶然に仙吉の店にやってきます。幼稚園に通う子どもの秤を買うためでした。仙吉はAを知らないけれど、Aは仙吉に気づきます。Aは仙吉を連れ出しなじみの店で、三人前の鮨を腹いっぱい食べさせるのです。それで、小僧は満足して、Aの心も満たされるはずだった。しかし、変に淋しい、いやな気持ちを抱いて貴族院議員は家へ帰ります。妻に一日の出来事を話します。妻は言います。

「ええ、そのお気持ちわかるわ」

わだかまりの残る夫の気分に同情しつつも、妻はのんきです。

「そのお鮨電話で取寄せられませんの?」

大正時代に子どもを幼稚園に通わせて、電話が通じる世帯が東京に何軒あったと思いますか。今から百年以上前に電話で鮨を出前させようという奥さまの言葉に作家がこめたのは、ユーモアなのか、あるいは嫌みなのか。それはわからないが、鮨屋といえば回転する店ばかりになって、十歳前半からお店に住み込みで働く丁稚奉公もなくなったけれど、お金が足りなくて物を買うのをためらう子どもがいて、その場に居合わせることは現代でもありえます。その時、どうすれば良いか。筆者自身にも、こんな経験がありました。冬の夕暮れでした。

コンビニエンス・ストアのレジで、カウンターにやっと背が届くくらいの小さな女の子に、店員の女性が腰をかがめて何やら話しかけています。カウンターには傘の形をしたチョコレートが一つ置かれ、少女の手のひらには、十円玉が四つならべられていました。

レジの女性が言いました。「あと、三円ないの」。

黄色のスカートをはいた少女は黙ったままです。少女は定価の四十円だけ持って、ひとりでチョコレートを買いに来たのでしょう。でも、無情にも社会には消費税というものがあるのです。レジの女性は言いました。「いいわ。おまけしておく」。

少女はにっこりすると、北風の中を走っていきました。すべてがマニュアル化され、どこのお店でも同じ看板、同じ間取り、同じ品物の無機質なコンビニで、「おまけ」という人間臭い言葉を久しぶりに耳にした筆者は、なんだか幸せな気分で外へ出ました。西の空は、真っ赤な夕焼けでした。コロナ禍を経験する前のできごとですから、今はレジも自動化され、「おまけ」なんて言葉が入り込む余地はなくなっています。そのうえ、巧妙な犯罪までありますから、生きにくい世になりました。

さて、結論です。真渓涙骨や志賀直哉が言いたかったのは、ぱっと体が動くことの大切さではないでしょうか。瞬時に反応するというのは、禅が目指すテーマのひとつでもあります。まさに、「人に物を施す時には再考すべからず」。ではあるのですが、あなたならどうする？

4 挨拶

当たり前のことほど、難しいものはない。それは文字通りに有り難い。この頃は、とくにその感が強い。美しい空、きれいな水、そして朝晩の、何でもない挨拶のことば。

——柳田聖山

現場主義

この章のテーマは「心を起こせ」ですが、筆を起こす「起筆《きひつ》」という言葉があります。文章を書きはじめることです。文を書きはじめる前に、心を起こして気力を奮い立たせなければ、恋文であろうと、遺言であろうと、文なんて書けない。だから、最初の一字、一行には元気がみちています。そこで、書き出しの有名な小説のひとつや二つ、だれでも口ずさめるでしょうから、よく知られた小説は、ここではあげない。小説は引用しないけれど、名の知れた仏教書の書き出しを、三つ紹介しましょうか。

まずは、累計で十三万部売れたという、山本勉著・川口澄子イラスト『完本仏像のひみつ』(朝日出版社)は次のように書き出されます。「この本では、みなさんに仏像のひみつをお話しします」。ぼくらは「ひみつ」という言葉に弱いんですよね。

次は一般の読者がおそらく目にしないであろう学術書から。「中國の禪を知ろうとすれば、多くの傳燈録や語録を讀まねばならぬが、それらはみな特殊な文献である」。柳田聖山《せいざん》著『初期禅宗史書の研究』です。「中国禅宗史に関する最もすぐれた文献である」と賛美のことばをおくられているけれど、浅学の筆者には読みすすむのが困難な書籍です。

限られた人しか手にしない特殊な文献を紹介したから、三つめは一般の読者を巻きこんで、仏教書として空前のベストセラーとなった、松原泰道《たいどう》著『般若心経入門』(祥伝社)の一行目。「忙しいというのが日常の挨拶語になっているほど、私たちは毎日何かに追い回されています」。初版が昭和四十七年で、仏教とは縁遠い出版社が出したのも新鮮だったのでしょう。

どれもこれも、起筆の一行が、これからはじまる何百ページの総論になってはいないですか。最初は大事です。人と人との間柄でもおなじこと。はじめのひとことで雰囲気が変わります。松原泰道師もおっしゃっているように、日常の挨拶語が、「忙しいですね」ではちょっとさびしい。なぜ、さびしいかというと、ヒマで困っている人もいるわけ。だから、関西人の「ボチボチでんな」には、仕事がなくて苦しんでいる人を推し測るやさしさがあるのでは。実をいうと、挨拶の語源は「推す」、あるいは「押す」だというのです。

さて、「挨拶」はもともとは禅語で、『碧巌録《へきがんろく》』という禅の語録には、「一挨一拶《いちあいいっさつ》」という熟語がでてきます。「挨」の字も「拶」の字も「押しあう」ことで、一問一答して、相手の力量を推し測る。そんな意味がこめられています。

でも、なぜ「押す」のが、現代のように日常の社交儀礼を表すものへと変化したのか。語録の時代の禅僧は、出会った瞬間に問答をして言葉をやりとりしたので、そこから転じて、「おはよう」「こんにちは」など、出会いの第一声を挨拶と言うようになったという。

それにしても、会った瞬間に問答をかわすなんて、忙しい。どんな感じなんだろう。筆者が思いだす会話を引いてみましょうか。臨済義玄《りんざいぎげん》禅師（?～八六七）の言行をまとめた『臨済録』に収められている対話です。登場人物は二人。臨済その人と趙州従諗《じょうしゅうじゅうしん》（七七八～八九七）で、場所はおそらく現在の河北省にある臨済院。次のような会話がかわされます。現代語訳を『沖本克己仏教学論集第三巻』（山喜房）からお借りします。

趙州和尚が行脚の折に師（筆者注＝臨済）のところにやって来た。ちょうど師は脚を洗っていた。趙州はそこで尋ねた、「達磨大師が西からやって来られた意図をお伺いしたい」。師、「私（達磨）はちょうど脚を洗っているところだ」

達磨《だるま》大師（？〜四九五）は実在した祖師で、南インド出身とも、イラン出身ともいわれます。碧い眼の渡来僧で禅宗の始祖です。その大師が「西からやって来られた意図」という疑問は、「禅とはいったい何なんだ」。「わたしは何者なのだ」という問いかけにほかならない。そんな重い問いかけを、「おはよう、こんにちは」もなく、相手が脚を洗っていようがおかまいなくいきなり仕掛けるのですから、お行儀が悪い。こんな具合に出会った瞬間に、「一挨一拶」して相手を確認するから、顔をあわせた第一声を「挨拶」と言うようになったのでしょう。

ところで、人が生まれて最初にかわす挨拶は何か。赤ちゃんの「おぎゃー」という産声も、「はじめまして。よろしく」という、挨拶ではないでしょうか。

余談になりますが、「おぎゃー」に潜む千年の歴史を知ったのは、本章の「独りのすすめ」を書いた時でした。仏教誕生を告げる釈尊の産声についての文章ですが、さて、諸外国で産声は何と表現するのだろうか。英語の翻訳を仕事にしている女性に聞きました。返ってきたメールには次のように記されていました。

「おぎゃーを英語でなんというか？　わかりません。擬音語や擬態語は日本語の得意とするところですが、英語には相当する言い方はないのではと思います」

さっそく、書棚でほこりをかぶっていた山口仲美編『擬音語擬態語辞典』（講談社）で「おぎゃー」を調べると次のようにあります。「赤ん坊の泣き声。江戸時代から見られる語。〈途中略〉それ以前は、赤ん坊の泣き声は〈いがいが〉であった」とし、『宇津保物語』にでてくる一節を例文としてあげます。なんと、日本では赤ん坊の産声を千年以上前から、文字に表して、六百ページに二千語を収録する、擬音語擬態語だけの辞典まで出版されているのです。これって、他の国の言葉とくらべて、珍しいのではないだろうか。

でも、おもしろいことがあります。生まれての第一声を表現する言葉は、平安時代から決まっていたというのに、おぎゃーに応ずる挨拶の言葉が定まっていないのが日本語です。反対に英語を母国語とする人びとには、出産に立ち会った者が、産声に呼応する定形のフレーズがあるらしい。何だと思いますか。welcome、だそうです。

生まれてきた子の肌が何色であっても、裕福な家の子であっても、貧しくても、「ようこそ、私たちの社会へ」。そう、祝うのだそうだ。このような定例の言葉の存在を知らないと、深く理解できない現代の歌があります。中島みゆき作詞作曲の『誕生』です。平成四年頃に作られた歌で、今では中学・高校の国語の教科書に歌詞が収録されているという。要約すると、「生まれた時に聞いたwelcomeを思い出せないならば、わたしが言ってあげよう」という歌詞ですが、著作権の関係で引用しないから、調べてー。良い詞です。

さて、中島みゆきが唄うように、人は歳をかさねて、いろいろな経験を積みます。ささくれてやけになった時、おまえは歓迎されて生まれてきたではないか。そのことを思い出して、あの感激をふたたび我がものにできれば、犯罪になど手を染めはしないだろう。

そういえば、禅の和讃にも次のような一節があったな。「衆生本来仏なり」。『白隠禅師坐禅和讃』の一行目にある名句です。江戸時代の禅僧も中島みゆきも同じ思いを伝えている。など言ったら叱《しか》られるでしょうか。おっとっと、冒頭で文を書きはじめる、起筆という言葉を紹介しましたが、筆を置く、文章を終わりにするという意味の熟語はなんというのでしょうか。擱《かく》(閣)筆っていうんだって。では、以上をもって擱筆としましょうか。なんか博学そうでカッコよくない!

5 独りのすすめ

そしていま、一人になった――吉行和子

進歩が遅いほど強くなる

その昔、街に子どもがあふれていたころ。具体的にいうと、昭和二十年代の前半、わたくしの父と母は寺のかたすみに、保育園をひらきました。寺のかたすみと書きましたが、今でもそう広くはない寺域です。終戦前夜（昭和二十年八月十四日）の空襲で、山門以外のすべてを焼失した境内には、数軒の民家が押し寄せて建っていたらしいから、おさなごの施設が寺のほとんどを占領していたでしょう。

保育園としてはじめたけれど、ごたごたとした事務仕事に嫌気がさした住職である父は、すぐに幼稚園に改めたようです。現在では幼稚園も保育園もきびしい会計処理を求められますが、当時は幼稚園の方が気軽だったのでしょうか。

母は女学校を出て、小学校の代用教員をしていたらしい。その教員免許が戦後のどさくさで幼稚園教諭に書きかえられ、八十四歳で亡くなる数か月前まで、幼稚園の現場に立ちつづけました。そんな母だから、千の単位のおさなごを見てきました。そこで、正しいかどうかはわからないけれど、経験にもとづいた幼児発達論を持っていました。

ひとつを紹介すれば、「早く起立できた子は、足腰が弱い」があります。どういうことかというと、早くからお坐りの練習をしたり、物につかまって伝い歩きをはじめた子は、下半身がもろい。それにくらべて、歩きはじめが遅い子どもほど、ハイハイをいっぱいして強い脚になって転ぶのもすくなく、しっかりした歩みを進めるという。

「進歩が遅いほど、強くなる」というのは、わたくしの母が体験から得た、ちょっと怪しい理論ですが、そうするとあの方のめちゃくちゃ早い一歩は、一歩どころか東西南北の四方に七歩ずつ、合計二十八歩をどう説明したらよいでしょうか。あの方とは、わが釈尊です。

釈尊は約二千五百年ほど前の四月八日、現在のネパールにあるルンビニーで生誕されます。

生まれてすぐに、「手助けなくして四方に行かれること各七歩されて、自ら、天上天下、ただ我のみ独り尊し」。そう、おっしゃったという。現代語訳を、水谷真成訳『大唐西域記《だいとうさいいきき》』（平凡社）から引用しましたが、いくら聡明な釈尊でも、すくっと起き上がり歩きはしないし言葉も発しない。後の時代にできた神話です。そんな神話化は、釈尊ご自身にとっても迷惑な話でしょうし、わたくしの亡き母の実践的幼児論からすると、シッダールタ君（釈尊の幼名）は足腰の弱い子になってしまう。でも、長じた釈尊はインドのガンジス川中流域をくり返し行き来し、八十歳で涅槃される直前まで行脚遊行していたから、堅固な身体を持っていたにちがいありません。だから、この文章を読んで不安になった若いママさんがいたとしても安心してください。「早く歩きはじめた子は足腰が弱い」というわたくしの母の発見は、幼児期だけにあてはまり、一生を左右するものではなさそうです。

独りのすすめ

それにしても、生まれてすぐに、「我のみ独り尊し」と宣言したなんて、控えめな心のひとかけらもないイヤな赤ん坊です。嫌みなだけでなく、現代日本では、「唯我独尊《ゆいがどくそん》」を、「ひとりよがり」のたとえと誤解されるから、やっかいな四文字です。面倒だから、「人間全体の尊厳をうたっている」というわかったようでわからない解釈をするか、「自分だけが至高至上の人間」と現代語訳して、さらりとスルーするのが一般的です。

直接聞いた話ですが、松原哲明師（一九三九〜二〇一〇）は、「唯我独尊は後世になってつくられた伝説でしょう。説き明かせないから触りません」。そうおっしゃっていた。哲明師は生涯に百冊以上の仏教書を執筆し、多くの講演法話をこなしながら、玄奘《げんじょう》法師の足跡をたどるのが、ライフワークでした。哲明師の釈尊生誕に関する著作を読むと、実際にルンビニを訪れて、風や土の香りを描写しても、降誕についての神話は書かれていないと思う。

よくわからない解釈をするか、無視するかの中で、「唯我独尊」の背景をきちんと説明してくれたのはインド思想研究者の宮元啓一氏（一九四八〜）です。著書『仏教誕生』（ちくま新書）で次のように述べています。

「この神話の種は明らかだと思われる。すなわち、説法を決意してバナーラス（筆者注＝現在のベナレス）で出会ったウパカという人物を相手に、釈尊は最初の説法を試み、いきなり語ったのが、右のような文句（筆者注＝天上天下《てんじょうてんげ》唯我独尊）だったと伝えられている。ウパカは釈尊を相手にしなかったので、この最初の説法の試みは失敗したという。この伝承は古いので、信憑性は高い。後世の仏伝作者は、釈尊が生まれたときから偉大だったといわんがために、ウパカ相手に語った文句を、生まれたばかりの釈尊に語らせたのである」

学問浅き筆者には、宮元氏の著述の正否は判断できないけれど、説得力はあります。納得はするけれど、誕生ではなくて、お悟りを開いた直後のことばだとしても、「我ひとり尊し」というのは傲慢で意味がわからない。やっかいな四文字をどう読み解けば良いか。キーワードは、「独」の字ではないか。

釈尊の生涯をみると、節目節目で「独」の字がついてきます。近年の釈尊伝研究によれば、二十九歳で自らが育った王城を独り離れます。修行の師を求め集団に入ったのち、独りで山中にこもる。しかし、苦行は真の道ではないと気づき、山を出て人里に下り、菩提樹のもと、独り坐り成道する。前述の宮元説では、成道後に「天上天下唯我独尊」という説法をしています。このように、大事な転機では独りになる釈尊です。

意外に感じるかもしれないけれど、独り感を醸し出す言葉を、仏教や禅はたくさん持っています。よく知られた言葉を紹介すれば、最古の経典、『スッタニパータ』に「犀の角のようにただ独り歩め」という一節があります。多くの動物は群れをなすけれど、犀は一頭で暮らすという。経典のなかで、一度だけでなく、十回もリフレインする釈尊推しの一句です。

あるいは、『ダンマパタ（法句経）』には、「孤独で歩め。悪いことをするな。求めるところ少なくあれ。林の中にいる象のように」の名句があります。ただし、象は群れをなすのではないかしら。「唯我独尊」を「我のみ独り尊し」と読むのではなくて、「我が独りが尊し」と読んでみたらどうだろうか。

しかし、釈尊の時代より現代のほうが、独りになるのは何十倍も困難です。だって、いつもスマホ片手に誰かとつながっているでしょう。あるいは、独りで自動車のハンドルをにぎりハイウェイを走ったとしても、行き先を教えてくれるのは、自分の記憶や経験ではなくて、人工衛星から送られてくる電波ではないですか。目的地に着いて、「腹がへった！」という時、どこで何を食べるか。「孤独のグルメ」の主人公のように、みずからの勘だけをたよりに歩いて、探す人が何人いるだろうか。多くの人がインターネットのサイトや旅番組にしたがってしまう。ひとりぼっちこそが、現代人が忘れてしまった美味なのではないか。

釈尊の産声に託されたのは、独りの決意であり、孤独を快適に生きる宣言だとすると、きわめて今日的なテーマだと気づくのです。

6 カレンダー

初暦知らぬ月日の美しく――吉屋信子

それぞれの暦にながれるリズム

住職の狭い縄張内のことだけど、檀家さんから教えられることが多いのです。Eさんから聞いた話を紹介します。

Eさんの父親が九十数歳で亡くなった時です。父親はJRになる前の国鉄に勤めていました。鉄のように時間も生活も堅固に守る方だったという。Eさんは長女ですが、自分の子どもの頃を思いだして、ぽつりとつぶやきました。

「普通の家庭のように、日曜日があるようなリズムで育てられた記憶は残っていません」。それはそうでしょう。友だちが休日に家族と一緒に電車に乗ってどこかへ遊びに出かけるときも、父親はその電車を動かすために、休日出勤するのですから。不満も覚えたろうし、恨みもしたでしょう。でも、時間の流れが解決させたのか、ひとりごとのように出た言葉には、不満と恨みが昇華して、誇りが感じられました。

成人とは人に成ること

このように、暦は同じでも、使う人によって曜日と曜日の間に流れるリズムが異なるのです。Eさんの父親はけしてしなかっただろうけれど、新しい年のカレンダーを手にすると、真っ先にゴールデンウィークは何連休か。シルバーウィークはどんな様子だと、祝日の日の並びを調べる御仁もおられるでしょうか。なんて書くと「和尚さん、今どきはアプリ・カレンダーで何年も先までわかるのよ」という、どなたかのお節介な声が聞こえてきます。

確かに、スマートフォンのカレンダーで何年も先まで曜日の並びはわかるけれど、祝祭日は一年先までしかデータがアップされていない。だから、改まる年の休日の並びを発見する喜びは、紙のカレンダーをめくる手ざわりから、スマホの画面をタップする感触に変化しても、しばらく続くようです。

筆者は曜日関係なしに葬儀や法事が入る勤めながら、新年の休日探しの楽しみはありませんが、昭和生まれの人間には、祝日が変動するのがピンときません。どういうことかというと、「敬老の日」は現在、九月の第三月曜日だけど、以前は九月十五日。十月十日だった「体育の日」は「スポーツの日」になって、十月第二月曜日。そして、一月十五日だった「成人の日」が一月の第二月曜日、といった具合に、曜日は定まっていても日にちは毎年変わります。

それぞれには、歴史的な意味がこめられていただろうに、などという小言をならべるつもりはないのですが、数学者の永田久氏が自著『年中行事を「科学」する』（日本経済新聞社）で、次のように述べています。

「赤い数字（筆者注＝祝祭日）を一つ一つとりあげてみると、そこには日本民族が長い間学び育ててきた宗教、民俗、神話などが混ざり合って根幹をつくっていることが知られる。それは、より豊かな生活を求めて大切に育くんできた美しい風習であり、神に祈り、神に感謝して明日への生命を幸せにつなぐために培ってきた先祖の智恵のたまものだったのである」

著者は数学者でありながら、暦を研究するようになります。きっかけは、女子大の一般教養課程で、微分積分の講義をするのですが、「文科系の学生は、いっこうに興味を示さない」。そこで、「暦の講義」をはじめます。すると、高度な数字を使わないためか、「勉強する学生の目が輝いてくるのがはっきりわかった」。そして、暦学を調べていくと「民族や天文、宗教などに、数の論理でつながっている部分があることを発見」します。宗教とつながる数の論理というのは具体的にいうと、聖書の天地創造は七日間の出来事であり、仏教では亡くなった故人のために、七日ごとに七回追善法要をする。そして、一週間は七日間。いったい、七という数字は何なのか。七だけではなく百八煩悩の百八も数式で説明してくれます。好著ですが、紙幅の関係でこのくらいに。

ところで、先述した三つの祝祭日が移動したのは、平成十二年以降で、永田氏は平成七年に逝去されているので、祝祭日の変更を知らない。ご存命であったならば、なんと思ったでしょう。そうしたことを考えていたら、まだ成人の日が一月十五日だったころの、ちょっと良いけれど、すこし悲しい話を思い出しました。太郎君の成人式です。

太郎君は、車イスの生活です。生後六か月で手術した病気の後遺症で、歩けません。そんな彼にも、成人式の通知が市役所から届きました。バリアフリーとはいっても、市民ホールのどこにでも行けるわけではなく、晴着もありません。

彼は欠席して、ひとりで成人を祝うことにしました。それは、ずっとやってみたいと思っていたパチンコをすることでした。太郎君は駅前のパチンコ店に、車イスで入っていきました。しかし、パチンコ台の前には固定された椅子があって、近づけません。悲しくなって店を出ようとした時、店員さんが事務室から工具を持ってきて、一台の固定イスをはずしはじめたのです。数分で、車イス用のパチンコ台のできあがり。

店員さんの教えるようにやってみましたが、財布の中の三千円は、すぐになくなってしまいました。でも、それだけでうれしかった。

谷川俊太郎の詩集『魂のいちばんおいしいところ』（サンリオ）に、「成人の日に」という詩が収められています。その一節を引用してみましょうか。

どんなに美しい記念の晴着も
どんなに華やかなお祝いの花束も
それだけではきみをおとなにはしてくれない

詩人はこのフレーズの数行前に、「成人とは人に成ること」と、鮮やかなことばを紡いでいます。古いカレンダーを何十回も新しいカレンダーに掛けかえて、年だけはかさねてきたけれど、おれは人に成ったのだろうか。

7 辞書を引きなさい

道草は人生の糧――　石毛直道

【言葉の道草】

仏教書としては、空前のベストセラーを記録した『般若心経入門』（祥伝社）の著者であった松原泰道《たいどう》師（一九〇七～二〇〇九）は生前、「辞書を引きなさい。辞書を見なさい」と、教え諭《さと》されたという。そのためか、百一歳で遷化《せんげ》（逝去）された師の四十九日忌法要には、参列者へ真新しい漢和辞典が遺品《ゆいひん》のひとつとして手渡されました。

そんないきさつでいただいた辞書だから使わなければ、と調べ物をしていた時でした。目的

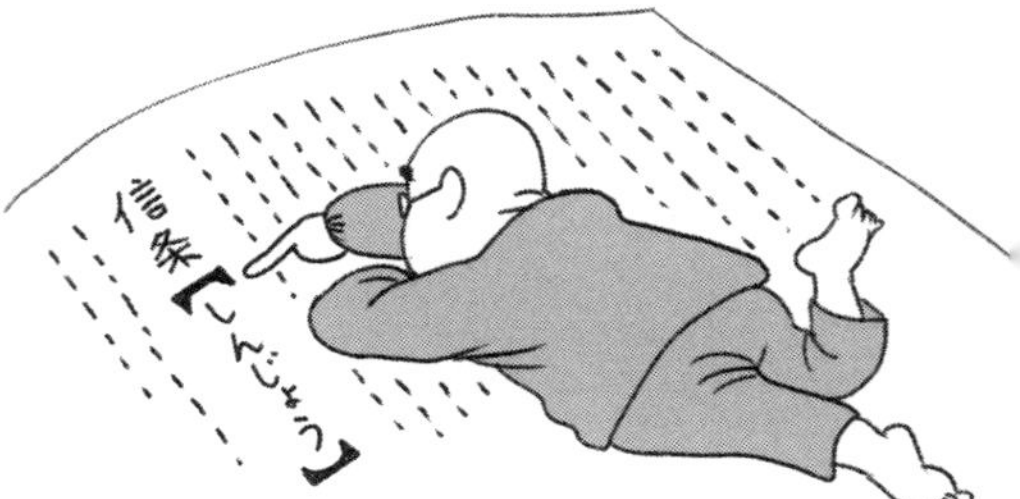

の言葉を引いたあとで、近くにあった「信条」という文字に目が止まります。信条なんて言葉は、なんとなくわかるじゃないですか。「信」の字は「信心」の信だし、「条」は小学校五年の学習漢字で、当然ながら二つとも常用漢字です。だから、辞書で引いたことはなかった。

まったく偶然に出会った言葉を、松原泰道師遺品の漢和辞典は次のように説明しています。「信条＝信者に信仰させる教義」。宗教くささが気になって、もう少し大きな国語辞典で調べると、「キリスト教で、信仰の箇条」。そう教えてくれます。なんと、「信条」はキリスト教の用語だったのか！　筆者が属する教団、臨済宗妙心寺派には「一日一度は静かに坐って」とはじまる昭和三十七年制定の「生活信条」があるのです。

言ってみれば、目的地へ着いた帰り道で道草をしたら、想像していなかった絶景を見つけてびっくり。言葉の道草は紙の辞典の得意技で、ターゲットを一直線に探し出してくれる電子辞書にはできない芸当です。

さて、禅宗教団の信条とはどんなものなのか。短くはないけれど、長くもないから全文を紹介してみます。

生活信条

一日一度は静かに坐って身と呼吸と心を調えましょう。
人間の尊さにめざめ、自分の生活も他人の生活も大切にしましょう。
生かされている自分を感謝し、報恩の行を積みましょう。

六十年以上も前に定められた生活のお手本ですが、令和の時代になってはじめて知ったというわが寺の壇家のひとりは、「三つのうちの、どれも実行できません」。そう嘆いていました。実行できないものを、どうして何十年にもわたり高くかかげているのか。「信条」は北極星のようなものではないでしょうか。到達できない場所なのですが、動かずにいつも同じ天空にあるから、行くべき方向を教えてくれる羅針盤になります。むずかしい言句はひとつもないのですが、いざ実践しようとすると簡単ではない信仰のメルクマールです。

ただし、現代から見ると気になる語句があります。二行目の「他人」です。今ならば、「他者」を使うのではないか。でも、最新の広辞苑には「他者」の項目はありますが、昭和四十四年発行の第二版広辞苑には「他者」は収められていない。新しい言葉のようです。言葉も変化するからやっかいです。

しかし、なぜ昭和三十七年にキリスト教の語句をつかって、禅宗教団の指標を作らなければならなかったのか。時代背景をみてみましょうか。

今、手もとに小林信彦著『現代〈死語〉ノート』（岩波新書）があります。平成九年に出版された書籍で、本の帯には、でかでかと次のような文字が印刷されています。「時代の姿をもっともよく映し出す言葉。あなたはいくつ覚えて（知って）いますか」。つまり、一九五六年から二十年にわたるキーワードを一年ごとに分類して紹介した新書です。昭和三十七年のページにどんな言葉が収められているか。

〈スモッグ〉、〈あたり前田のクラッカー〉、〈ツイスト〉、〈わかっちゃいるけど、やめられない〉。

死語となったこれらの言葉が投影するのは、言い古された表現だけど、高度成長のまっただ中、ひずみも現れてきたけれど、まだ家族が日曜日の夕方にひとつの白黒テレビをみていた風景でしょうか。宗教界はその頃どうだったか。新宗教が信者を増やし、巨大な大聖堂を建設していた時代です。のんきな伝統教団も、危機感をいだいて、誰にでもわかる日本語で書いた信条が必要になった、というわけ（「必要」を広辞苑で引くと、幕末・明治期につくられた語とある。へぇー、そうなんだ）。

青春の道草

それにしても、禅宗教団の標語に、「信条」というキリスト教用語を使ったのは誰だ。「ははーん、仕掛け人（非礼な言い方をお許しください）はあの方か」と思いあたる人物がおられます。あの方とは、花園大学の学長を長年つとめられ、昭和の名僧と慕われた山田無文《むもん》元妙心寺派管長（一九〇〇〜八八）です。

無文老師は愛知県に生まれ、若い日に法律家を目指して上京、早稲田中学へ進学します。しかし、「学校の授業中にもひそかに『法華経』や『歎異抄』やバイブルを読んでいるような生徒になってしまい」、旧制高校の入学試験には不合格、あげくに結核で生死をさまよったのち、出家得度。病身が完全に回復するまでの間、京都の臨済宗大学（現花園大学）で禅宗学を学びます。

ご著書『わが精神《こころ》の故郷《ふるさと》』（禅文化研究所）によれば、「そういう中にも、わたくしはどうしてもキリスト教とバイブルを捨てる気にならなかった。日曜日にはかならず、どこかの教会をたずねて礼拝に出た。〈途中略〉いつも黒い衣《ころも》を着たまま教会へ通った」、と。

上京し、いろいろな宗教と出会い、病気、出家とずいぶんと道草をした青春ですが、道はひとすじだったのではないか。だから、後に「信条」というキリスト教用語を使って禅宗教団の標語を作ったのは無文老師にちがいない。

ちがいないのですが、裏づける資料をさがす手立てがない。そんな時、私の勝手な推測を事実だと裏付けてくれたのは、季刊誌『禅文化』（二〇一五年四月号）に掲載された西村惠信花大名誉教授の「私の無文老師」と題した文章でした。昭和三十年代前半、花園大学の新任教員となった西村先生は、「滋賀の自坊から京都駅に来て山陰本線に乗り換え、花園駅に向かう途上、しばしば神戸からやってこられる無文老師と、車窓を共にすることがあった」という。無文老師は神戸・祥福僧堂で雲水（修行僧）を指導する師家でもあったのです。

ある朝、「西村君、こんなもんでどうじゃろう」と見せられたのが、「生活信条」の素案でした。アメリカの宗教研究所でキリスト教を研究した留学経験のある西村先生は「信条」という言葉を見た瞬間、にんまりとしたのではないか。老師は通勤の途上で、花園大学校歌も作詞され、生活信条も草案されたのでした。そうした老師さまが、教団の標語にそっと隠した深い願いを、私に教えてくれたのは辞書でした。

8 お座りした二宮金次郎

「自然」は、その法にしたがう者には豊かに報いる――内村鑑三『代表的日本人』

立て！　金次郎

おもしろい小説を読みました。『立て！　金次郎』というタイトルです。朝井リョウの短編小説集『世にも奇妙な君物語』（講談社）に収められています。

主人公は、にじいろバンビ幼稚園の男性教諭・金山《かねやま》孝次郎で、モンスターペアレントに翻弄されながらも、幼稚園の一大イベントである運動会を乗り切るストーリーです。最新の広辞苑にも「モンスターペアレント」の項目はありません。学校に理不尽な要求をする親を意味する造語です。

にじいろバンビ幼稚園のモンスターたちは、園庭に立ち薪を背負い本を読む二宮金次郎像を、「歩きながら本を読むなんて危ない、子どもがマネをするかもしれない」というクレームで、椅子に座って本を読む像に建て替えさせます。怪物に囲まれた孝次郎の奮闘に、平成生まれの直木賞作家は、小説の最終頁に想定外の結末を用意しています。

さて、幼名は金次郎、長じて尊徳とあがめられた二宮翁は戦前教育のシンボルとして、ある時はお手本としてもてはやされ、ある日を境にして、いまわしい時代の象徴にされてしまった不幸な人物です。本人には迷惑な話ですが、そもそも金次郎ってどんな人物だったのか、戦後生まれが総人口の八割をこえるという今、ほとんどの人が知っていそうで知らない。恥ずかしながら筆者も、「なぜ、薪を背に歩きながら本を読まなければならなかったのか」と、問われればわからない。そこで勉強しました。テキストは内村鑑三著『代表的日本人』（岩波文庫）です。

金次郎は、天明七年（一七八七）に相模に生まれます。今でいえば小田原市の貧しい農家で、十六歳のときに父親を亡くします。そのため、伯父の家に預けられます。夜もふけてから孔子の『大学』を灯火のもとで読んでいるのを伯父が見つけて、「役に立つとは思われない勉強のために、貴重な灯油を使うとはなにごとか」と叱られます。そこで「毎日、干し草や薪を取りに山に行く往復の道で」勉強するしかなかったのです。

内村鑑三は二宮尊徳を「忍耐と信念と勤勉」というキリスト者らしい基準で描きます。まことに、戦前の修身の教科書にはうってつけのロールモデルです。

尊徳は晩年を今でいう栃木県日光市で過ごします。開墾されながらも、荒れてしまった農地を復興するためでした。なぜ、荒廃したかというと「風俗悪しく、人気《じんき》惰弱《だじゃく》」だから。つまり、人の気質が悪くて勝手きままだから農地が荒れたと尊徳は書き残しました。言われた方は気分のよいものではありません。二百年以上経っても地元の人にとっては、金次郎は無条件に受け入れることのできない偉人です。万人が崇拝する人物でも、見方を変えれば好ましからざる人物になってしまう。そこで、現代のジャーナリストだったら、二宮尊徳をどう書くか。

「道徳なき経済は罪悪である。経済なき道徳は寝言である」。という尊徳の言葉を引用しているのは、筑紫哲也著『スローライフ』（岩波新書）の記述です。

新聞記者であり、テレビキャスターでもあった筑紫氏は、平成二十年に七十三歳で亡くなります。『スローライフ』は亡くなる二年前に出版されます。初版が出た一か月後、筆者は筑紫氏の講演を聴いています。

講演会というのは、決められた時刻に指定された場所へ行かねばならないので、あまり効率のよいものではありません（コロナ禍以降、オンライン講演会も増えたけれど）。会場が遠方だったら交通費がかかるし、講演を聴いて、ずいぶんと勉強したような好い気分になって帰りに一杯、なんてなったら痛い散財になってしまう。それだけの金銭と時間があれば、講演者の書籍一冊くらいは買うことができるし、読み終わることもできる。

でも、その人が今、何を思い、あまたある著作のどれを読めばよいかを効率的に教えてくれるのも講演会です。前述の『スローライフ』は筑紫氏の講演会場のロビーで購入した一冊でした。『立て！　金次郎』を読んで、ふと思い出して書棚から取りだしたのです。遠い記憶にある一節を呼びもどし、もう一度おさらいするのは楽しいものです。

スタンディングオベーション

講演会は、普通は座って聴きます。しかし、外国などでスピーチ終了後に聴衆が立ちあがって講演者を称賛するシーンが、テレビに映るじゃないですか。スタンディングオベーションというのでしょうか。

今のところ日本の講演会で、スタンディングオベーションはまれですが、音楽の世界では、日常になっているようです。筆者はせっかく席を予約しても、座れないようなコンサートには行かないのですが、まさかこの演奏者ならば立ちあがって手をふる聴衆はいないだろうと安心していても、予想をひっくり返される昨今です。

ステージに近い席を占領している追っかけたちが、「なんで座っているのよ」と脅すような眼を周囲に向け、立ちあがって手拍子する姿を見ないふりして、じっと座り続けるのはつらいことです。

座り続けるといえば、現代の禅の修行道場で、師家《しけ》(道場の指導者)が雲水《うんすい》(修行者)に向かって、禅の語録(言行録)を講ずる時があります。提唱《ていしょう》とも講席ともいわれます。雲水は畳の上に坐禅をして姿勢をただし、ひたすら坐りつづけます。時間は一時間、長くなれば二時間近くも続くから足が痛い。

仏教寺院が現代人に嫌われる原因のひとつに、正座があります。法要や説法で、畳にひざをそろえて座るのは苦痛だというのです。いったいぜんたい、日本人はいつ頃から正座してきたのでしょうか。

こうした疑問に適切なヒントを与えてくれるのは、大森洋平著『考証要集』(文春文庫)です。NHKのディレクターとして長年、番組の時代考証をしてきた著者はこう記します。「貝原益軒（一六三〇〜一七一四）『養生訓』中の「正座」は胡座を意味し、明治時代まで「正座」という言葉自体がほとんど使われていない」

だとするならば、江戸時代末期に活躍した二宮金次郎は屋外では歩きながら本を読み、室内では胡坐をかいて学習したのでしょうか。現代人が勝手に想像する、机に向かってお行儀よく正座する光景とは異なります。

あるいは、禅の故郷中国では坐らずに立って祖師がたの説法を聴いたようです。祖師がたの語録には、しばしば「久立珍重《きゅうりゅうちんちょう》」という言葉がでてきます。問答説法のおわりに使われる常套句で、訳せば「長らく立たせてご苦労だった。ごきげんよう」とでもなるでしょうか。その伝統は現代日本の禅にも伝えられていますし、仏教には歩きながらお経をよむ「行道《ぎょうどう》」と呼ばれる儀式もありますから、モンスターペアレントから「危ない」と叱られそうです。そして臨済宗でいえば、一般の人が思い描くのとは異なり、重要で正式な儀式では、お経は立ってよみます。

このように、世にも奇妙な出来事は小説やテレビ番組だけにあるのではなく、日常の暮らしの中にもあります。見方を変えれば、想定の彼方に意外なことがあるからおもしろい。

2章 捨てて 休んで

捨てて休んで

中国は宋の時代に編集された『坐禅儀』の言葉を拝借して、各章のタイトルにしています。

2章は「捨てて休んで」。原文は、「乃《すなわ》ち諸縁を放捨《ほうしゃ》し、万事《ばんじ》を休息し、身心《しんじん》一如《いちにょ》にして、動静間《どうじょうへだ》て無く、其《そ》の飲食《おんじき》を量《はか》りて、多からず少なからず、其の睡眠を調えて、節《はぶ》かず恣《ほしいまま》にせず」。漢文の読み下し文って、何回か声に出して、よどみなく読めるようになると、爽快な気分にならないですか。スッキリしたら、それだけでこの本を読んだ価値があるから、目的達成。でもせっかくだから、もう少し、深くながめてみようか。現代語訳を筑摩書房「禅の語録16」から引用します。

「一切の日常生活のかかわりを払い捨て、すべての仕事を休止して、身と心が一体となり、身心の動いているときと静かに停止しているときとの間がとぎれないようにせよ。飲食を調節して、多過ぎも少な過ぎもしないようにし、睡眠を程よくして、短かすぎも長すぎもせぬようにせよ」

食べすぎず、ほどよい睡眠。なんて、現代の健康指南書に書いてあることと同じじゃない！　九百年前から、変わっていないのです。ということは、言うは易く、行うは難し。みんなどうしてるんだろう。

1　わたくしは全休と申します

「お休みどころ……やりたいのはこれかもしれない」
――茨木のり子『椅りかからず』

「時計屋山、今何寺」に「看護婦山、赤十寺」。まだあるある……

「山号寺号」という落語があります。こんな噺です。観音さまにお参りに行こうと思っている若旦那に太鼓持ちが、「観音さまってえのはね。正しくは金龍山、浅草寺に安置、奉るところの聖観世音菩薩と、こういうんですよ」「金龍山浅草寺、これを山号寺号といいましてね、こらあどこにでもあるんで」。

物知り顔の太鼓持ちに感心した若旦那がたずねます。「ようし、ここは下谷の黒門町、ここにも（山号寺号が）あるか」

「ええ、ここ、ここはちょっと」

「おいおい、おまえはどこにもあるとそう言ったろ？　おまえが山号寺号を捜したら一円やる。その代わり、ありませんとあたしに頭を下げるんなら、もうおまえとの縁は切るよ」

弱った太鼓持ちはあたりを見まわします。見つけました。「え、ごらんなさい。あそこのお家。ねっ、おかみさんがお家をきれいにしようってんで一生懸命働いています。あれが、おかみ山、ふきそう寺てんで」。

太鼓持ちは、「山号寺号はどこにでもあるんで」と見えをきった手前、乳母車に赤ん坊を乗せて押してきたお年寄りをみつければ、「お乳母山、子を大寺」、看護婦さんに会ったら、「看護婦山、赤十寺」、自動車屋を発見したら、「自動車屋山、ガレー寺」、その隣は、「時計屋山、今何寺」。てな具合に、若旦那から一円をせしめていきます。一円といっても、今の吹けば飛ぶようなアルミニウム硬貨とはちがい、ピーンとした紙幣の時代だから、過分な祝儀になります。で、おちはというと、若旦那が逆襲して、大金をとりもどす。というお噺は、落語協会編『古典落語6・幇間・若旦那はなし』（ハルキ文庫）から引きました。

なるほど、寺には山号があります。そのものずばり、比叡山・延暦寺なんていうのはよく知られています。だって、実在する比叡山に建つ延暦寺だから、まっとうすぎます。でも、落語のように、浅草寺のごとく真っ平らな地に構えていても、金龍山という山号をもっています。近くに金龍山という山が望めるかというと、見えない。しかも、太鼓持ちは「どこにでもある」とまくしたてたけれど、山号をつけない寺もある。たとえば、奈良の東大寺、法隆寺、薬師寺に山号はない。奈良の都は平らだけど、まわりを山に囲まれた信州・善光寺にも山号はなさそうだ。

山がなくても山を名のり、山があっても山を名のらないのはなぜか。中村元《はじめ》著『広説佛教大辞典』（東京書籍）をみてみましょうか。次のように教えてくれます。

「（前略）山に寺が建ち、所在を示す意味で山号をつけた。（途中略）日本の飛鳥・天平時代は平地に建ったため山号はなかった。天台・真言の寺は山岳に建てられた。（途中略）鎌倉時代には禅宗が五山の制にもとづいて山号をつけ、その後は平地の寺にも山号を用いた。（後略）」。いくつかの疑問に答えてくれて、歴史的な背景はわかったのですが、どうして、寺の名に加えて、山号を名のったのだろうか。日本には言霊《ことだま》信仰があったから、そのものズバリの本名を言い立てるのは非礼で所在地で呼ぶ、というのが、山号をひろめさせた要因ではないか。しかも、言葉に宿っている不思議な力をおそれるのは日本だけではなさそう。『旧約聖書』には、「太初に言葉ありき。言葉は神と共にあり」の一節があるから、地球上のかなりの人間が、言葉に神秘的な力をみていたのです。

スマホにも生きている言霊信仰

「言葉には不思議な力が宿っている。そんな迷信は信じないよ」、と現代人は言うかもしれない。でも、そう言いきれるだろうか。言霊は私たちの身体の奥底から消し去ることのできない情念かもしれない。

数日前です。聞いたことのない、アルファベット表記の社名を名のる電話がかかってきました。よく、あることです。一般家庭のように、固定電話を非公開にすれば、この手の迷惑電話は減るのでしょうが、社会に開いていなければならない寺院です。我慢するしかありません。その電話の第一声を耳にして笑ってしまいました。最初の呼びかけがなんだと思いますか。いわく。

「松岩寺(筆者が住職する寺号)さまの方《ほう》ですか?」。平安貴族の方違《かたたが》えではあるまいし、「松岩寺さまですか?」と尋ねればよいものを、「方」という一文字をつけるのが、おもしろい。いきなり名前をあげるのは、古来から伝わる言霊の信仰からいって失礼になる。だから、「あなたさま」ではなくて、「あなたが居られる方角ですか」、という雰囲気を加えたかったのでしょう。無意識のうちに、言霊信仰を忠実に守っている迷惑電話です。

「方」ばかりではありません。だいぶ前からはばをきかせる大嫌いなうけこたえに、「○○さんの電話でよろしかったでしょうか」、があります。いきなり、名前を言挙《ことあ》げするのは恐縮だから、電話という道具をなかだちさせて、相手のありかを問うわけです。つまり、「私は○○さんに直接に声をかけているのではなく、○○さんの電話をお呼びしているのです」。というまだるっこしい気分が知らず知らずのうちに潜んでいる。千年以上も続く情念は、スマホの中にも生きています。

千年以上続く情念と書きましたが、中国は唐の時代の禅僧たちの呼び名も、活躍した地名や居住した庵室の名で呼ぶ習慣がありました。例をあげると、わが臨済宗の宗祖、義玄《ぎげん》禅師(?~八六七)は、中国は河北に臨済寺《りんざいじ》を建て住職になったから、後の人から臨済義玄禅師と呼ばれるようになりました。そのお師匠さまである、希運《きうん》禅師(?~八五〇頃)は、黄檗山《おうばくさん》を開創したから黄檗希運禅師と称せられます。臨済も黄檗も、出家後の名前、道号《どうごう》になります。筆者も出家のはしくれだから、道号をもっています。全休《ぜんきゅう》と申します。この名は教団には届けるけれど、戸籍を変えたりはしません。

筆者の道号の由来などにご興味はないでしょうが、「休」の字には少しばかりの背景があります。師父の道号は、「不休《ふきゅう》」といいます。父の修行道場のお師匠さんが「大休《だいきゅう》」さんだから、「休」の一字をいただいたのでしょう。そして、戦災でほとんどすべてが焼けてしまった伽藍《がらん》の住職になったから、「不休ではたらくぞ！」という決意の証しだったのでしょう。筆者はそんなに働くのは、まっぴらご免。「全部休むぞ！」と決心を固めたから、「全休」。

「休」の字のつくお名前をもった禅僧は、少なくない。そうそう、有名な方がおられましたね。一休宗純《いっきゅうそうじゅん》禅師（一三九四〜一四八一）。一休の名前の由来は、「有漏地《うろじ》（俗世の煩悩）より無漏地《むろじ》に到る一と休み」という自作の和歌よりとったという説があるけれど、それでは「少々読みが浅い」。そう指摘するのは、柳田聖山《せいざん》著『一休』（人文書院）です。柳田先生は言います。「(休) はとにかく完全に片づいて、何もすることがないこと」、と。

一休研究の直近の成果である、芳澤勝弘著『一休宗純『狂雲集』再考』（春秋社）でも、「休」の字に、「やめよ」と読み仮名をつけています。とすると、この章のテーマである、「捨てて休んで」は現代的な一時休暇ではなくて、強烈な静止を求めているのがわかります。

2 京都・祇園祭に登場する禅僧

優れた政治理論家であり哲学者でもあった孔子は、実は、なにより目の前の現実を変えようと願う革命家でもあったのです――高橋源一郎

喪ってなに

秋も深まり、晩秋というか、初冬になると舞い込んでくるのが「喪中欠礼」の葉書です。ごぶさたしていた恩師知人の不幸をこの葉書で知って、あわててお見舞いをする、そんなこともある季節です。

ところで、喪は仏教の教えではありません。儒教です。儒教の経典『儀礼《ぎらい》』や『礼記《らいき》』に詳しく述べられているという。「という」と書くのは、菊地章太著『葬儀と日本人』（ちくま新書）からの孫引きだから。「ちゃんと原典を見ないのか」、と叱られるけれど、気の遠くなるほど大量の仏教経典があって、そのうえ儒教までは無理。と言いつつ、インドで生まれた仏教は中国韓国を経由して日本にもたらされたから、古代中国人の考え方、習慣のもとになっている儒教も本当は学ばなくては！

さて、内輪の不名誉を暴露してしまうけれど、年賀状をやりとりしている住職Mから「先住職が遷化《せんげ》（逝去）につき……」という喪中欠礼のご挨拶をちょうだいしました。Mはその寺を世襲したわけではないから、先住職と血縁関係はない。

明けて正月。Mの奥さんから年賀状をいただきました。カラー写真付きの年賀状です。海外旅行した時に、「イェー」とピースサインでポーズをきめている写真でした。公式には喪に服しているけれど、血のつながりもないし、私的にはまぁーいいか！　てなところでしょうか。

これを見て、儒教の祖、孔子（前五五一？〜前四七九）さまは怒るだろうか。いや、叱らないで次のようにさとすのではないか。

「二千五百年前に私が言ったことが活字になっているはず。それを読んでおくれ。父を亡くした時は三年の喪。母は一年、そう言うても父の没後であれば三年。父の兄弟は九か月と、喪の期間は細かく分かれているから、M夫人は、異国でイェーでも良いのだよ」

そんなやさしい言葉を投げかけてくれるかどうかはわからないけれど、喪は故人との血すじの遠い近いによって、期間が異なるというのを現代人は忘れている。だから、年末になって「祖母が一月に亡くなったので……（祖父母は五か月の喪）」という、孔子さまが知ったら顔をしかめるであろう、奇妙な喪中がまかりとおる今の日本です。

白楽天のぼやき

冒頭で掲げた書籍、『葬儀と日本人』によれば、父が没した時の服喪は三年間だという。そんなに長く、家にこもって身を慎んでいると、いくら古代とはいえ、経済も停滞してしまう。三年を足かけ三年にして、二十五か月にしても、一般の民ならまだしも、皇帝がそれほど長期間、政務を休止することはできない。遺言で「三十六か月を三十六日に短縮せよ」と命じた皇帝（前漢の文帝）もおられたとか。

それでも、儒教をみずから実践しなければならない文人官僚（士大夫《したいふ》）は、父あるいは条件によっては母を亡くしたら、足かけ三年の喪に服さざるを得なかった。たとえば、詩人であり高級官僚であった白居易《はくきょい》（七七二〜八四六）。そう呼ぶよりも、字《あざな》（成年後につけた別名）の楽天の方が親しみがあるけれど、生涯で二度、合わせて六年におよぶ喪をおくっています。

白楽天と聞いて思い出すのは、「香炉峯の雪は簾《すだれ》をあげて看る」の一節だけど、清少納言が『枕草子』で、「アタクシは物知りなのよ」と、雪の日に御簾《みす》を上げさせたエピソードはこの詩句によるから、日本人の奥底に流れている秀句です。

白楽天は二十三歳の時、父の死にあい、足かけ三年の喪に服します。このため、官吏登用試験である科挙に合格するのが遅れます。その時の様子を川合康三著『白楽天』（岩波新書）は次のように記しています。「合格した時の二十九歳という年齢は、同年の進士（筆者注＝科挙の科目名で合格者）のなかでは最も年少であったというが、名だたる文人のなかでは決して早くない」

これから世に出ようとする若者が三年間、服喪によって機会を奪われる。学問に費やす時間は確保できるけれど、自由に出入りできる図書館などない時代、学ぶ教材はどのように手配したのだろう。ましてや、白家は中流下級の士大夫階級で、経済的にも余裕がなかったという。だが、しかし。人生は不思議です。白楽天が官界に入ったころ、朝廷では改革運動の嵐が吹きあれていました。でも、この改革は評判が悪く、邪悪な集団が行っていると評価され、中心人物は死罪に、主要な官僚も遠地に流され、ふたたび要職につくことはありませんでした。権力闘争に敗れた官僚たちは白楽天と同世代です。ただし、科挙に合格したのが白楽天より数年早かった。政変の時、白楽天は新人だったので、閑職にいて無傷。早熟秀才の逸話をもつ白楽天だから、服喪せずに少し前に人生の一歩を踏み出していたら……。

白楽天七十五年の生涯は、順調に官位をのぼっていく時期もありますし、左遷されて地方にくだった時もあります。母を亡くして二度目の服喪は故郷で過ごしています。広い地域を移動して、地方にあった時は、多くの禅僧と交流をもっています。もっとも有名なのは、杭州の知事であった五十歳の頃、鳥窠《ちょうか》和尚との出会いです。出会いの様子は、中国は唐の時代、十世紀に編集された『祖堂集《そどうしゅう》』に記録されています。柳田聖山著『祖堂集ものがたり・続純然の時代』（禅文化研究所）から現代語訳を引用します。

白舎人がたずねた【筆者注＝（中書）舎人（ちゅうしょしゃじん）はその頃、白楽天が就任していた官職名。白舎人とは白楽天のこと】。「一日のうち十二時という、限られた時間のなかで、どう修行すれば、道とぴったり一つになれましょうか（一日十二時中如何修行便得与道相応）」。和尚、「もろもろの悪は作すこと莫かれ、もろもろの善は奉行せよ（諸悪莫作諸善奉行《しょあくまくさしょぜんぶぎょう》）」

舎人、「三歳のちのみこでも、答えられましょう」和尚、「三歳のちのみこでも答えられるが、百歳の老人も、ほとほと行うことはできぬ」

このあっぱれな応答は、日本でも注目されました。鎌倉時代には『沙石集《しやせきしゆう》』に収められ、道元も『正法眼藏《しようぼうげんぞう》』に「諸悪莫作」の巻を設けていますし、一休の『狂雲集《きようううんしゆう》』には「鳥窠和尚を賛する」漢詩があります。そして、なによりも奇妙なのは、京都市下京区に「白楽天町」という町名が現存し、その町衆が祇園祭には、「白楽天山」という山鉾を、都大路に巡行させるのです。屋台の上には、紫衣《しえ》の鳥窠和尚と白地の狩衣《かりぎぬ》を着た白楽天の人形がまつられています。山鉾「白楽天山」は応仁の乱後、一五〇〇年頃につくられたらしい。歴史はわかっても、なぜ禅をテーマにしたのか。動機は不明だけど、地上から高さ三メートルはある屋台上にまつりあげられた二人は、こんな問答を今も続けているかもしれません。

白楽天がぼやきます。「ここは高くて危ないし熱い。早く地上に降ろしてもらいましょう」。鳥窠和尚が笑みを浮かべて応じます。「知事殿は情念が燃えさかって、どこに居ても熱くて危うい身。捨てなされ。休《や》めなされ」、と。

3 捨てたくない心を捨てて断捨離決行

人間も時折は、背中にしょった大袋も、太い杖もすべて閑却して昼寝などどするのが一番いい。

——松永安左エ門自伝『電力の鬼』

秘すれば花

以前、実業家・松永安左エ門《まつながやすざえもん》（一八七五年〜一九七一年）の風流な墓所のことを文章に書きました。読んでくれた顔見知りが、「実際に安左エ門翁の遺構を見学したい」との希望を寄せてくれました。下手な文章で、そんな発心《ほっしん》を起こしてくれるとはありがたい。さっそく、日帰りバス旅行の計画を立てたのです。

古今東西を問わずに、旅行と宗教は密接な関わりをもっています。たとえば、近代的な意味で世界最初の旅行社はイギリスのトーマスクック社だといいます。二〇一九年に破産してしまいましたが、創業者はキリスト教プロテスタントの布教士です。

日本でも、聖《ひじり》や御師《おし》の存在があります。各宗派で由緒ある場所をたずねるために、旅行団を組織するのは今も昔も宗教者の重要な任務のひとつです。重要なミッションではありますが、巡礼の勧進や先達がみな善良だったかというと、なかには怪しいのも出てくるのが世の常です。たとえば、高野山詣でを勧進する聖の扮装をして、弘法大師が焚いたありがたい護摩の灰と称して、普通の灰を押し売りするようなたぐいもあらわれます。護摩の灰は江戸時代には、旅人を装う盗人をさすようになります。旅は今よりも数倍危険だったのでしょう。

旅や巡礼が危険だったのは、日本だけではありません。ヨーロッパでは、十二世紀ころから多くの人が歩いたサンティアゴ巡礼があります。スペインの北西端に位置するサンチアゴ・デ・コンポステーラにまつられる聖ヤコブの遺骸を詣でる道で、巡礼のふりをして本物の巡礼者から物をうばう者が出没します。ヤコブは英語ではジェイコブと発音して、その愛称がジャックですから、この巡礼路に現れる盗人をジャックと呼ぶようになったとか。だから、現在の「ハイ・ジャック」の語源は、巡礼路からはじまったというのは歴史家・今野國雄氏の説です(『巡礼と聖地』ペヨトル工房)。ただし、ハイ・ジャックのハイはｈｉあるいはｈｉｇｈですから、「護摩の灰」の灰とは音は似ていても無関係です。

話を松永安左エ門の遺構を訪ねる日帰りバス旅行にもどします。せっかくだから、旅行社などへは丸投げせずに自分で旅程を作りました。時期は桜も咲き出す三月末に、安左エ門が大事にしていた茶室・春草盧《ろ》が現存している東京国立博物館の庭園を鑑賞して昼食。昼食は博物館近くで上野公園内のS軒。計画を立てたのは前の年の十一月末でした。上野公園が都内屈指の花見の名所だといっても、四か月も先です。レストランの予約も簡単だろうと電話をかけてみると、なんと個室はすでに満席とのこと。世情にうといノンビリ者には仰天の桜事情です。

でも、平安時代以前は、桜よりも梅でした。新元号令和の典拠になった万葉集（七世紀〜八世紀頃成立）の一節は梅の宴の情景です。が、古今集（九一二年頃）あたりになると、逆転して桜の歌が多くなります。そんな中で、さすがと思わせるのは世阿弥（一三六三?〜一四四三?）です。能を大成した理論家は『風姿花伝』でこう書きました。

「ただ花は、見る人の心に珍しきが花なり」

いくらきれいな花だって、年がら年中咲いていたのでは、誰もみてくれはしない。そして、次のように言い切ります。

「秘すれば花なり、秘せずば花なるべからず」

秘《かく》すことによって、花の美しさは一段と映えるというのです。

放下著と断捨離

秘のついた熟語のひとつに「秘仏」があります。厨子の奥に隠されていて直には拝めない仏さまです。普段は拝めないのですが、時期を決めて厨子の扉が開きます。御開帳です。四国遍路や西国観音巡礼、秩父観音巡礼は何年かおきに開帳されます。日本ばかりか、チベットのカイラス山でも十二年に一度の大祭があるとか。カイラス山は山自体が大日如来の化身としてあがめられて、この年に巡礼すれば普段の数百倍の功徳にあずかるといいます。東京の浅草寺を七月十日にお参りする、四萬《しまん》六千日と通じるものがあります。

遍路や巡礼ばかりか、長野善光寺は七年に一度、秘仏の帳を開きます。宗教と旅行は密接な関わりをもっていると書きましたが、現在でも善光寺の門前には三十九もの宿坊が並びます。昔、諸国から訪れた参拝客は本堂で一夜を過ごしました。お籠もりです。参拝の人数が多くなって、本堂だけでは収容できなくなったので、僧たちが自分の住まいの院坊を提供したのが始まりとか。その様子は平安時代末期以降の文学作品に数多く描かれています。

しかし、何ゆえに扉を開いたり秘したり、日を定めてのポイントアップ参拝を奨励するのか。理由のひとつに「秘すれば花」効果を期待しているのでしょう。次に考えられるのは期日指定の効用です。つまり、参拝者や巡礼者の都合などは無視して期日が指定されるわけですから、積極的な意志がなくてはお参りできません。

「えーっと、その日は仕事があって……。会社が定年になったらお参りします」

なんて人は一生行かない。今がだめなら、次の機会も難しいのはだれもが経験する定めです。生活のリズムを仏さまの都合に合わせ、何かを放下しなければ扉は開きません。放下とは、手放して投げ捨てるという意味で、中国・唐の時代の趙州《じょうしゅう》和尚（七七八〜八九七）に次のような問答があります。修行者が自慢顔でたずねます。

「私は欲望も何もかも捨て去って何ももっていませんが、どうしたらよいでしょうか（一物不《いちぶつふ》将来《しょうらい》の時如何《いかん》）」

趙州和尚がこたえます。

「捨ててしまえ（放下著《ほうげじゃく》）」

「著」は命令の意味を表す助辞です。何ひとつ持っていないという状況をまだ後生大事に持っているなら、そんな思いも振りはらってしまえというのです。

御開帳や四萬六千日のためならば、すべてを放下する必要はないけれど、少しは自分の都合を捨てなければ巡り会えませんし、数十日にもおよぶ巡礼となると、強力に日常を捨てなければ旅立てない。だからこそ価値があるし、秘す目的もそこにあるのでしょう。

さて、冒頭で書いた松永安左エ門は、茶道具や美術品の著名なコレクターでした。古物商と二人三脚でいくつもの秘宝を手にいれます。収集品の中には重要文化財に指定されたものもありますが、税金対策等のやむを得ない理由で主なコレクションを東京国立博物館に寄贈してしまう。寄贈にあたって安左エ門は何点かの茶道具を身近に残します。残したのは貴重で高価な名品ではなく、友人ゆかりの品など思いで深い品を手もとにとどめるのです。

「寄贈により身を簡素にすることは、侘び茶の本質に迫る機縁となった」と、コレクションの図録は語ります（『小林一三と松永安左エ門』思文閣出版）。捨てなければ、わからないことがあったのです。結論。捨てたくない心を捨てるには、やむを得ない機縁が必要です。

4 命もいらず名もいらず

「何も持たぬという人でも天地の恩は頂いている」——小倉遊亀

散りぎわ

筆者が住職する寺の庭に、蓮の鉢植えがあります。小さな寺ですから、大きな蓮池があるわけではなく、ホームセンターで買った不粋なポリエチレン製の水桶で栽培しています。

何年か前の七月下旬のことでした。夕立ちの風と雨で、咲いた蓮の花びらが吹き飛ばされてしまいました。翌朝、あちこちへ流された花びらを集めて蓮鉢の周囲にそれらしく散らしたのですが、どうもさまになりません。センスがないからだと言われてしまえばそれまでですが、作意があるので自然のようにはいきません。こんな時に思い出す禅語があります。

「好雪片片《こうせつへんぺん》、別所《べっしょ》におちず」

中国は唐の時代、龐居士《ほうこじ》（?～八〇八）のことばです。居士の言行を集めた『龐居士語録』のほか、『碧巌録《へきがんろく》』第四二則にも紹介されています。ことばの背景はというと。

龐居士は馬祖《ばそ》禅師（七〇九～七八八）の法を嗣ぎながらも、プロフェッショナルな僧になろうとはせず在俗の禅者として生涯を送ります。そんな龐居士が早春のある日、薬山《やくさん》禅師（七四五～八二八）を訪ねた帰り道に、空中に舞う雪をさして語りました。

「ひとひら、ひとひらの雪が、どれもみな落ちつくところに落ちていく（好雪片片不落別処）」。見送りの十数人の修行僧は言葉の深意がわかりません。修行僧のひとりが問いかけます。

「どこに落ちるのですか（什麼《いずくにか》にか落在《らくざい》す）」

龐居士は、こたえることもなく修行僧を平手打ちにします。手荒いふるまいです。『龐居士語録』には、他にも僧侶をやりこめる場面がいくつか出てきます。お布施のいただき方を居士が托鉢僧に教示するなんていう一節もあります。

これって、プロとアマがハンディなしの同じルールで試合をして、見事にアマが勝ってしまったのに似ています。プロは格好が悪くてしょうがない。こんな時、立場や思い込みを捨てて、自分よりすぐれている者ならば、誰にでも教えを請うという、やわらかな心をもてば良いのですが、なかなかそうはできないものです。

修行者を叱りつけたかと思うと、寝台で横になってお経をとなえたりと奔放な龐居士ですが、妻と一男一女の四人家族だったといいます。暮らしぶりは、「一家そろってむつまじく、仏《ほとけ》の法《のり》を語り合う」ようであったとは、則竹秀南著『奇人問答―龐居士語録―を読む』（春秋社）から引いた現代語訳です。

武骨な禅者の本に流麗な日本画

龐居士の暮らしぶりを読んで思い出す、近代日本の居士がおられます。小倉鉄樹《おぐらてつじゅ》（一八六五～一九四四）です。その青春放浪が魅力的なのです。

鉄樹は、幼名を渡辺伊三郎といい、慶応元年に今の新潟県に生まれます。伊三郎少年は陸軍士官学校への入学を夢見て上京しますが、身長が低いので不合格。青春なんて、ひらひらと舞う春の雪のようなもの。少年が落ちつくべきところは軍人ではありませんでした。山岡鉄舟《てっしゅう》（一八三六～八八）が主宰する春風館道場へ入門します。春風館は剣術の道場です。武士の時代は終わったというのに、なぜ刀なのか。それは、あまたある鉄舟の評伝をみていただくとして、鉄舟を有名にするのは、幕末の江戸城開城へ向けた西郷隆盛との静岡での対面です。西郷は鉄舟との出会いから、よく知られたことばをのこします。

「命もいらず、名もいらず、官位も金もいらぬ人は、仕末に困るもの也」(『西郷南洲遺訓』岩波文庫)。

最高のほめ言葉です。鉄舟は旧幕臣でありながら明治天皇の侍従になりますが、十年間で職を辞します。名も捨て官位も捨てるわけです。その頃、弟子入りしたのが伊三郎少年です。少年は鉄の一字を与えられ鉄樹と名のります。お師匠さんの名をいただくくらいだから、期待の星です。手もとにおいて育てるかというと、そんなことはしない。現代の地名では京都府八幡市にある圓福寺という禅の修行道場へ送り込んでしまう。圓福寺は臨済宗妙心寺派の道場です。

しかし、そこで過ごしている間に師匠の鉄舟は明治二十一年に五十三歳で亡くなってしまう。師匠を喪失した弟子は、日清戦争に人夫頭として参加して満州へ渡るなど、起伏の激しい人生を送ります。

三十四歳で、神戸の実業家・小倉家の養子になり小倉ちか子と結婚します。小倉姓を名のるのはこの時からです。その頃は経済界で活躍しようとする意欲もあったようですが、結婚生活は二年間しか続きません。妻のちか子が他界し、禅道修行にもどります。最終的には鉄舟の春風館の志を継ぎ、精神修養の一九会道場を開創し、戦争末期の昭和十九年に七十九歳で鎌倉で亡くなります。一九会道場は東京都東久留米市にあり、今も門戸を開いています。

筆者が江戸幕末から昭和に生きた居士の足跡を知ったのは、牛山英治著『山岡鉄舟の一生』（春風館発行）という著作からです。昭和四十二年初版で五百頁余りの大著です。口絵に挿入されている何枚かの写真は白黒です。カラーフィルムなんてなかった時代の記録ですから当然でしょう。ただし、本の表紙の裏部分、見返しのところに淡い墨と銀鼠色で二枝の梅の絵が描かれています。カラー印刷です。日本画ですから作者の落款もあります。亀の甲羅を形取ったような六角形の枠に鮮やかな朱で「遊」の一文字。文化勲章受章画家の小倉遊亀《ゆうき》（一八九五〜二〇〇〇）の絵です。なぜ、武骨な禅者の本に、流麗な日本画が添えられているのか。

昭和の初めには院展に入選し、日本画家として実績をあげていた溝上遊亀は、昭和十三年に小倉鉄樹と結婚します。遊亀、四十三歳。鉄樹、七十三歳。結婚の動機は推測するしかないので書きませんが、どのような家庭生活だったかは、自著『画室の中から』（中央公論美術出版）に、次のようなエピソードが語られています。鉄樹がひとりごとのように「至道無難《しどうぶなん》、唯嫌揀《ゆいけんけん》択《じゃく》」と言っているので、遊亀がききます。

「先生それどういう意味ですか」

「世の中で、好き嫌いさえしなければ、道はいとやさしいものなのさ」

これって、「一家そろってむつまじく仏の法を語り合う」龐居士の暮らしと同じではないか。そんな日本画界の巨匠から、筆者は手紙をいただいたことがあります。残念ながら、筆者個人ではなく、その頃つとめていた修行道場の役職宛でした。筆者は武蔵野の面影が残る、埼玉県新座市の平林寺専門道場で数年を過ごしました。若き鉄樹居士も平林寺で坐禅をしていたので、没後も夫人の遊亀画伯とのご縁が続いていたようです。

数十年前の秋でした。平林寺の特別な行事への香料が小倉遊亀名で郵送されてきて、和紙の巻紙に毛筆の手紙が同封されていました。読みすすむうちに悪い企てが、筆者の脳裏をよぎります。「この手紙。誰にも見せず、個人の宝物にしてしまおう。なにしろ、文化勲章受章画家の自筆書簡だから」なんてウキウキしながら末尾に目をやると「遊亀代」と遠慮気味に書かれています。私のような不心得者がいるのはお見通しで、どなたかが代筆されたのでしょう。

その手紙は、しばらく経ってから修行道場の浴室のかまで、武蔵野の雑木林からつくった薪といっしょに焼きました。手紙は焼き捨てても、記憶は鮮明に残っているのが不思議です。

5 バックパックと雲水の旅姿

「旅はどこかに在るものではなくて、
旅をする人が自分で作るものである」——沢木耕太郎

バックパックと笈

その日、長野駅発東京駅行きのあさま号に乗っていた筆者です。終着駅が近くなったので、座席をはなれて出口へ歩いていきます。デッキにはすでに降りる支度を整えた、ひとりの男性が立っていました。白髪で小柄な男の足もとには、小さなバッグと大きなダンボールの箱がおかれています。箱は人形店の包装紙でおおわれている。雛人形ではなさそうです。五月人形だろう。初節句のお祝いにちがいありません。

定刻に到着した列車から降り立つと、ホームで待っていた女性が男性に走りよって話しかけました。

「おとうさん、大きな荷物。宅配便にあずけてしまえばよかったのに」

父親もかさばる荷物を前もって送ってしまえば、楽なのはわかっています。でも、お祝いだからどうしても自分の手で持ってきたかったのでしょう。男性は何も言わず、恥ずかしそうな笑顔でこたえるだけ。

ホームは修学旅行の中学生であふれていました。彼らの荷物はいたって少ない。昨今の修学旅行は、生徒の主だった荷物を宅配便で目的地に送ってしまうのです。大きな荷物を持つ老境の男と、身軽で旅する修学旅行生。どこか変じゃない。

広辞苑で「修学」を調べると、「学問を修めること」とあり、続いて「工夫。才覚」と教えてくれます。自分の荷物はみずからの手で持てるだけの分量に工夫するのが、旅行の才覚であり、修学ではないのかなぁー。

でも、身軽な格好で修学旅行に出かけた中学生のうちの何人かは、数年後そんな旅行に飽きてバックパックを背に深夜特急の旅へ出発するかもしれない。

バックパックとは「金属製の枠のついた大型リュックサック」をいうようですが、その形状を見て仏僧の筆者が思いだすのは、玄奘三蔵法師《げんじょうさんぞう》（六〇二〜六六四）の旅姿の図柄です。有名なところでは、重要文化財で東京国立博物館に所蔵されている着色の玄奘三蔵像図があります。足には脚半《きゃはん》をつけ、頭にはまるい笠をかぶり、笠からは香炉がつり下がっている。そして、背負っているのは笈《おい》と呼ばれる竹で編んだ大きな箱。世界中を自由気ままに旅する若者たちの代名詞になっているバックパックも、笈と同じではないか。材質や機能性は格段に進歩したとしても、本質的には玄奘の時代とそう変わらない。

しかも、歌舞伎十八番「勧進帳」の弁慶と義経も笈を背負っているし、松尾芭蕉（一六四四〜九四）には『笈の小文』という旅行記があるから、むかしの長旅に笈は必須アイテムだったのでしょう。いずれにしても、キャスターなんかついたカバンをコロコロと転がしたのでは、じゃまでしょうがない。おのれの力で荷物を持ち長距離を移動しようとすれば、古今の東西をとわず同じような姿になってしまうのです。

雲水の旅姿

ところで、別の項目でも書きましたが、中村元著『広説佛教語大辞典』（東京書籍）に「旅」

の項目はありません。あちこちを遍歴することを、仏教では「行脚《あんぎゃ》」といいます。旅と行脚はどこがちがうのか。「帰れるから／旅は楽しいのである」という洒落たことばを著書『死の淵より』にのこしたのは、高見順（一九〇七〜六五）です。

帰るべきところにもどってくるのが旅ならば、ひとつのところにとどまらず、たえず移り変わるのを理想とするのが行脚です。行脚のキャッチフレーズは「行雲流水《こううんりゅうすい》」です。この四字熟語から二字をとった「雲水」という言葉があります。禅の修行者のことです。

雲水の旅姿はというと、禅の故郷・中国の様子はわからないけれど、日本の近世以降の姿ならば現代の雲水の姿から推測できます。どんな装束なのか。高橋勇音《ゆうおん》著『禅堂つれづれ物語・かたつむりの詩《うた》』（禅文化研究所）では、次のように述べられています。

「墨染の衣に白地の脚半。なかなか粋な姿である。師から与えられた袈裟。持鉢《じはつ》（食事用の重ね椀）、剃刀《かみそり》、講本（多くは臨済録や禅関策進《ぜんかんさくしん》）は袈裟文庫《けさぶんこ》（縦三十四センチ、横二十五センチ）という小さな箱に納めるか、あるいはくくりつけられる。若干の着替えに合羽《かっぱ》などが前後に振り分けにされる」

雲水は笈よりも小さい箱（文庫）に必需品だけを詰めて、身体の前後に振り分けて背負います。行脚に必要な最低限度の荷物のなかに、食事用の重ね椀（持鉢）が入っているのがおもしろい。そして、文字にはたよらないと、「不立文字《ふりゅうもんじ》」を主張する禅なのに、書物（祖師の語録）を荷に入れて行脚するのはなぜなのだろうか。身軽になるために、余計な物をそぎ落とした旅装だからこそ、禅のたたずまいが見えてきます。

さて、行く雲のように、流れる水のように遍歴するのが禅のテーマだから、行脚の様子はどのように記録されているのでしょうか。残念ながら、「どこそこの何がおいしい」とか、「あそこは絶景だ」なぞという観光ガイドはないのですが、心のありようのガイドはあります。『碧巌録《へきがんろく》』第二二則に、中国は唐の時代に、雪峰《せっぽう》（八二二～九〇八）と巌頭《がんとう》（八二八～八八七）が行脚の途中で大雪にあい、何日も宿で足止めを食らっている様子が描かれています。

宿屋でも真面目な雪峰は、ひたすら坐禅をしています。あに弟子の巌頭はというと、ただ寝るばかり。たまらなくなって雪峰が呼びかけます。「あに弟子、起きてくだされ」。巌頭が応じます。「なんでだ、おまえも寝てしまえ」。雪峰は苛立たしげにこたえます。「最近はついてないことばかり」。そう言って、これまで自分が修行してきた経歴をひとつひとつ述べてゆきます。聞いていた巌頭は、最後に天地を震わすような一喝《いっかつ》をあたえます。

「門より入る者は家珍《かちん》にあらず。そういうことばを知らぬのか！　古人のことばではなくて、自分の胸の内からほとばしり出た言葉を天下にしめしてみろー」

雪峰は言下に大悟《たいご》して叫びます。

「あに弟子、今日こそこの山の中で悟ったぞ！」

真面目だけど少し鈍な雪峰と、すべてをお見通しのあに弟子がくりひろげる旅のワンシーンには雪が降っています。千年前も今も雪はしんしんと降ります。二人に、合羽はあったのだろうか。それとも、笠だけだったのだろうか。なんて旅姿を想像しながら読むと、雪の静けさを共有することができます。ところで中国・宋代に、禅僧の逸話をあつめた『大慧武庫《だいえぶこ》』という書物にも、雪の情景をつづった次のような一節があります。

「雪が降るにつけて、三種の僧がいる。上等の僧は僧堂で坐禅をする。中等は、詩を作る。下等の僧は、鑪《いろり》を囲んでたのしむ」

筆者はもちろん下等の僧だから、炉を囲んで一杯の部類です。せっかくの雪見酒だったら、生一本おいしい銘酒を当日配達で取り寄せよう。なんていう不届き者が多いから、修学旅行生の荷物も運ばねばならない宅配便のドライバーさんが、悲鳴をあげている現代です。

6 カルチェ・ラタンにお札がある

「お札というのは庶民の信仰の証しである。信仰のない所にはお札は存在しない」

――仏蘭久淳子

カルチェ・ラタンとお札《ふだ》

まだ、スカイツリーなどなかった頃です。当時三歳になる長男が、祖父に連れられて東京タワーに行きました。遠くから眺めて、「きれいだなぁー」。近づくと、「すごいなぁー」。そして、エレベーターに乗って最上階へ。地上250メートルの展望台からは、どこまでも空と大都会がひろがっていました。幼い長男は東の窓へ走っていって、次には西の窓へ走っていきます。何かを探していたようですが、最後に大粒の涙を流して言ったそうです。

「東京タワーが見えないよー」

幼い子どもの思いは、眼のくもった大人を覚醒させます。ものごとは、奥深くに入ってしまうと、全体の姿は見えなくなってしまう。全容をとらえようとするならば、少し離れたところから角度を変えて眺めなければなりません。同じように、私たちの暮らしも、外に住む人の方が鮮やかに観察しているかもしれません。

パリのカルチェ・ラタンにあるコレージュ・ド・フランス（国立特別高等教育機関）には、日本の寺や神社のお札が千枚ほど保管されているといいます。フランスの日本学研究者、ベルナール・フランク（一九二七〜九六）のコレクションです。フランク氏は昭和二十九年に初来日して以来、四十年間にわたる幾度かの日本滞在で「北は青森から南は鹿児島まで、時間の許す限り精力的に歩き廻り、住職や参詣者と語り合い、雰囲気にふれ、お札を買って帰った」。

その様子は、伴侶であった仏蘭久《ふらんく》淳子さんが邦訳した、ベルナール・フランク著『「お札」にみる日本仏教』（藤原書店）で、明らかにされています。

集めた札は千余、巡った寺社は二千にのぼるという。これってとてつもない数です。フランク氏の日本滞在は「統べればほぼ八年」だといいますから、おおかた毎日新しい寺を訪れて、お札を求めていた勘定になります。

なぜそれほどまでにお札に魅了されたのか。フランク氏は記述しています。お札の無数とも思われるヴァリエーションは、「宗教に対する日本人の柔軟性、寛容性の証しであり、またその想像力の豊かさを示している」から、と。そして、コレクションから約二百点を載せて分類・解説した前掲書は、おのずから仏教概論にもなっているから驚かされます。概論って、全体の内容を要約して述べることでしょう。全体をつかんでいないと書けないわけで、お札という身近な品物から仏教を論じているからこそわかりやすい。

足りなかった二文字

ところで、お札は「お姿」あるいは「御影札《みえ》」と呼ばれる絵札と、字句だけの文字札に二分されます。フランク氏は、神仏の図像がある絵札に興味をもちました。筆者が住職する寺は毎年正月に、フランク氏が興味をいだかなかった文字札を檀信徒へ配ります。

筆者の寺のは「大般若寶牘《ほうとく》」と墨書された紙札で、臨済宗では一般的な形です。大般若経六百巻とそのエッセンスである理趣分《りしゅぶん》を唱え、災いを消し去ろうとするお札です。「牘」は木簡の意味で、「札」の字の部首が「木」であることから想像できるように、もともとは木製だったのでしょう。が、ご存じのように今では木も紙もあります。

さて、そうしたお札の効用はどこにあるのか。

数年前の夏、京都の愛宕山に登りました。愛宕山には火伏せの愛宕神社があります。山頂の社務所には「火迺要慎」のお札の隣でシキビの枝を売っていました。竈《くど》を使っていた昔、毎朝最初に火をおこすとき、シキビの葉を一枚いれると火事にならないという慣わしからだといいます。緑色の葉一枚に防火の効能があるわけではない。葉を一枚手に取ることで、その日の安全を決意して点検したのです。お札には、今の自分の状態を点検する効用があります。点検する機会を与えてくれる代物だから、よく見えるところへ置かなくては意味がない。

ところが、わが寺の檀信徒の中には、お正月に配られたら、ひとまず仏壇へ。ひとまずのはずが、春が来て夏が過ぎて秋になり、年末の大掃除を迎えて、新しいお札が増えてしまう。なんて方もおられます。

そこで、数年前のお正月に、次のような一文を書き添えて配札しました。

「玄関の少し高いところに掲げてください。お札が家中を見まわして、お札の下を往き来する者の災いを除くといいます」

その効果があったのか、「ひとまず仏壇派」が減ってにんまりしていたある日、とある檀家さんの家を訪ねました。住職の忠告を快く受け入れてくれたのでしょう。正月にお配りした般若札が玄関の高いところにまつってあります。ただし、玄関の外側、つまり屋外に貼り付けてあるのです。常識的には、紙のお札は家の中にまつるものです。でも、仏壇から玄関へ移動しただけでも改善です。これは珍しい例だと思い、何も言わずにその場をあとにしたのです。

しかし、それが珍例ではないと思い知らされたのは夏でした。お盆の棚経《たなぎょう》にでかけたのです。筆者の寺のお盆は八月です。棚経先の檀家さんの玄関の外側で灼熱の陽にさらされ、色あせた般若札をまた見つけたのです。暑さのあまり正しいお札の貼り場所を講釈する気力もわかず、その時も黙って退散したのでした。

でも、説明しなかったのは、暑さのためだけではありません。玄関の外へ紙札を貼る気持ちもわかるのです。たぶん、外から押し寄せてくる災いを防ごうとしているのでしょう。だいたい害になるものは外からやってくるから。インフルエンザや食中毒の菌しかり。春先の花粉だって、外からはいってくる。ところが、『臨済録』には次の一節があります。

「外に向かって工夫をこらせるのはみな愚か者だ（外に工夫を作すは総て痴頑《ちがん》の漢なり）」

（『沖本克己仏教学論集第三巻』山喜房）

本当の敵は自身の内部にあると禅は教えるのです。

ところで、紙のお札を屋外にはったふたつの家とも、戸主は七十歳をこえた方です。今どきの若者がしたことではありません。紙札は屋内にまつるものという常識が共有されていると思い込んでいた筆者の説明不足でした。数年前に「玄関の少し高いところに掲げてください」と書いた文章に、「玄関の内側」と書き加えておけば良かったのです。二文字足りませんでした。

あるいは、おまつりの仕方を描いたイラスト（illustration）でも添えれば親切だったでしょう。イラストの語源はイルミネーション（illumination＝照明）と同じ、ルクス（lux＝光）だといいます。不明なものに光りをあてて、明らかにするわけです。

さて、ヨーロッパにおける東洋学日本学の権威と称されるフランク氏は、次のように自著（『日本仏教曼陀羅』藤原書店）で書いています。「私の蒐集はまだ充分とは言えないだろうし、今後もあくなく集めたい」。しかし、その望みはかなわずに、六十九歳で人間界を去ります。京都の東寺が戒名をおくりました。遍照辨成仏蘭久金剛《へんしょうべんなるふらんくこんごう》（あまねく照らす金剛ベルナール・フランク）。

仏教伝来以来の歴史にどっぷりとつかり、わがものと思っていた教えを見方を変えてちがう角度から照らし、わかりやすく説き明かしてくれたのは異国の人でした。

7 捨てたことばを誰かが拾って流行らせてしまった

「ほんとうのことをいおうか」最後までとっておくべし本当のことは――永田和宏

ボクの詩はもともと詩じゃないのだ

詩人の谷川俊太郎に『旅』(求龍堂)という詩画集があります。初版は一九六八年です。一篇が十四行でつづられた詩が、連作で二十七つあります。冒頭のことばにどっきりします。

「何ひとつ書く事はない」

その五行後にも、びっくりすることばが並んでいます。

「本当のことを言おうか/詩人のふりはしているが/私は詩人ではない」

この詩集への反響は大きく、いろいろある批評のなかで、歌人・永田和宏が次のような歌をよんでいます。永田和宏歌集『百万遍界隈』（青磁社）から引用します。

「ほんとうのことをいおうか」最後までとっておくべし本当のことはにんまりとするような言葉の応酬ですが、谷川俊太郎が「詩人のふりはしているが／私は詩人ではない」とつづって世間を驚かせる百六十年ほど昔に、同じような詩を書いた禅僧がいました。良寛（一七五八〜一八三一）です。良寛半生の漢詩をまとめた『草堂詩集』におさめられています。漢詩の現代語訳と読み下しは柳田聖山《せいざん》著『沙門良寛』（人文書院）によりました。

ボクの詩が詩だなどとは、誰も思うまいが、（孰《たれ》か我が詩を詩と謂う）
ボクの詩は（もともと）詩じゃないのだ。（我が詩は是れ詩に非ず）
ボクの詩が詩じゃないと判ってこそ、（我が詩の詩にあらざるを知らば）
おたがいに、詩の話ができるというものだ。（始めて与《とも》に詩を語るべし）

「私は詩人ではない」と書いた現代の詩人と、「私の詩は詩ではない」と五言絶句にした良寛はそっくりではないですか。捨てせりふをはいて、びっくりさせて、あとは読む人の気分でご自由に、といったところでしょうか。

はじめの一句が肝心だ

谷川俊太郎や良寛の詩と同じように、はじめの一句で読者をどきりとさせる禅の和讃があります。『白隠禅師坐禅和讃』です。「衆生本来仏なり」と書き出します。この書き出し、すごくないですか。「それを言っちゃーおしまいよ」という感じで、字数にして四百字余りの仮名まじり文です。

作者の白隠慧鶴《はくいんえかく》（一六八五〜一七六八）は、「日本臨済禅中興の祖」と仰がれます。白隠と良寛の生没年をくらべると、白隠は良寛を知りませんが、良寛は白隠を意識していたかもしれません。意識はしていたけれど、白隠がつくった『坐禅和讃』を、良寛はおそらくよんでいないでしょう。その理由はあとで書きます。良寛はよんでいない和讃ですが、現代の臨済宗ではものすごい頻度でよまれます。年忌法要でしたら、だいたいのご住職がよむのではないでしょうか。なぜなのか。『坐禅和讃』は、禅の概論になっているからです。

概論は、初心者の基礎をかためるためのものですから、一般の方の法要にはふさわしい。そして、全体を見わたした「概論」は、その道の第一人者が晩年に書き下ろすのが通例です。和讃冒頭の「衆生本来仏なり」の七文字は、禅を総括したことばです。

最後までとっておいたであろう本当の言葉だから、従来は晩年に書かれたと思われてきました。しかし、現代白隠研究の代表的な学究である芳澤勝弘氏は、自筆草稿の書風から四十歳頃の作と推測します。禅師の生涯で四十歳というのはどういう季節だったのか。

芳澤氏の著書『新編白隠禅師年譜』（禅文化研究所）によれば、白隠は貞享二年、東海道五十三次の十三番目の宿場、原宿（現在の静岡県沼津市原）に生まれます。人や物、情報が行き交う東海道という大動脈で育ち、十五歳の時、生家から近い松蔭寺で出家得度します。

その後、諸国を行脚遍歴して、信州・飯山の正受老人のもとで、だいたいの修行をおわらせます。二十四歳になっていました。それゆえ、白隠の師匠は正受老人だというのが通説です。でも、飯山を去ったあと、ふたたび正受のもとを訪れたことがなく、大恩ある師匠宛の手紙も残っていません。筆まめな白隠にしては不可解です。

飯山から故郷の松蔭寺へ帰るのですが、三十歳頃に禅病にかかります。『年譜』は「頭脳が火のように熱い、腰や脚が水のように冷たい」など十二の症状をあげます。白隠はこうした病を、「内観の法」によって治し、のちにこの経験を『夜船閑話《やせんかんな》』という書物にまとめます。「内観の法」は、良寛も実践した健康法のようですが、『夜船閑話』自体は、小洒落た構成です。どこが洒落ているのか。タイトルからして、「白河夜船」をもじったダジャレだし、作者は「窮乏庵主《きゅうぼうあんじゅ》飢凍《きとう》」と名のっています。つまり、「びんぼう庵ハラペコ禅士」。そんな禅僧は実在しないから、「白隠禅師が仮想の弟子に託して書く」。とは、芳澤勝弘訳注『白隠禅師法語全集第四冊・夜船閑話』（禅文化研究所）の記述です。どうして、実名を隠したのか。

ウソをホントウのように書くのは、まだたいした作家ではない。ホントウのことをウソのように書くのが大作家だと、どなたかが言っていました。なまなましい真実では角が立つから、物語にしたのでしょうか。

さて、病を克服した白隠は、四十二歳の秋、法華経を読んでいた晩、コオロギが鳴くのを聞いて大悟します。何をさとったかというと、若い時から法華経というのは、比喩ばかりのつまらないお経だと思っていたけれど、そうした疑惑がはらりと消え去って、「正受老人がいつも示された教えを徹見し、釈尊の自在無碍の弁舌」がわかったというのです。芳澤氏は、この大悟以前に『坐禅和讃』は作成されたと推測します。

白隠という人はしつこい人で、同じ禅語を何枚も染筆し、それぞれが墨跡として現存しています。それなのに、現代よく知られている『坐禅和讃』は、下書きらしい一枚しか残っていないし、生前よまれた形跡もない。だから、先述した良寛は『夜船閑話』はよんでいても、『坐禅和讃』はよんでいない。

芳澤氏は、『白隠禅師法語全集第十三冊・粉引歌』（禅文化研究所）で、「若き時に書いた坐禅和讃を、白隠はもう書かないのである。もっとも重要で主張すべきことが、他にあったからである」と、述べています。

冒頭で引いた谷川俊太郎の詩句を借りれば、大悟以前のことは「何ひとつ書く事はない」わけです。それは、理解できるのですが、ひとつだけ合点がいかないことがあります。「法華経は経王の王たることが燦然として目前に輝き、思わず号泣」する前までは、法華経に疑惑を持っていたわけです。が、『坐禅和讃』には、『法華経』信解品《しんげぼん》の「捨父逃逝《しゃふとうぜい》」が引用されています。『法華経』を疑っていたならば、経中の語句を使うだろうか。法華経の真髄に涙した後につくった和讃だから、引いたのではないか、とも思える。

いずれにしても、作者本人が捨てた草稿を近代になって、誰かが拾って加筆訂正し臨済宗のキャッチ・フレーズにしてしまった。捨てる人がいて、拾う人がいる。これは、並ではない。

8 般若心経のシンプルな三字に注目してみる

そうではない、そうではない、と言って彼は真理に達する——インド哲学の名句

時間短縮でお経をよむ方法

漢字一字はシンプルだけど、あなどれない力があります。そんな漢字に、われら坊さんはとてもお世話になっています。朝課にはじまって、檀家さんの年忌法要や祖師忌まで、よむのは漢訳経典ですから、漢字にお世話にならない日はありません。よむだけでなくて、熟語を組み合わせて戒名を考えたり、漢詩の作法にのっとって引導法語をつくったりするのですから、まったくもって漢字の恩恵に浴するばかりです。

世間では、これだけお世話になっていれば、感謝のモニュメントなんかをつくるものです。茶の湯の先生が茶筅《ちゃせん》塚を作ったり、書道の筆塚や、人形塚なんていうのはあるけれど、漢字塚というのは聞いたことがありません。ここはひとつ全日本仏教会で漢字報恩塔なんていうのを作ったらと、そそっかしい筆者は思うけれど、たぶん実現しないな。

まず、漢字はかたちがあってないようなものだからモニュメントを作りにくい。次に、各宗派はすでにそれに近い行事をおこなっているのではないでしょうか。

臨済宗でいえば、「大般若経転読《だいはんにゃきょうてんどく》」という法式があります。玄奘三蔵《げんじょうさんぞう》法師（六〇二〜六六四）が翻訳した『大般若経六百巻』をよむ儀式です。寺によって異なりますが、年中行事としては、正月や春の田植え前の季節におこないます。臨時には、建物の落慶式などでも営みます。

六百巻の経本といったらそうとうの量です。経文が彫られた版木から和紙へ一枚一枚バレンで刷り上げて製本された一冊は、厚さが二センチから三センチで、長さ約二十七センチ、幅は八センチほど。これを五十巻とか六十巻ずつ木の函に入れて十数箱になります。圧倒的な質量です。これを限られた時間内に、全巻を読誦するかというと、しない。転読するのです。

転読は最初に、自分に割り当てられた何十巻のうちの一巻を両手で仰ぎ持ち、「大般若波羅蜜多経巻第〇〇〇唐三蔵法師玄奘奉詔《ぶじょう》訳」と大きな声で唱えます。〇〇〇は巻数が入ります。そして、経本を身体のま正面、眼前に高くかかげ、パラパラとめくりながら扇を垂直に開くように数度回転させ、「降伏《ごうぶく》一切《いっさい》大魔《だいま》最勝《さいしょう》成就《じょうじゅ》」と唱え、一巻を読んだことにしてしまいます。

パラパラとめくる回数にもよりますが、一巻を転読するのに必要な時間は三十秒ほどでしょうか。こんなことを知って、「なんと、横着で手抜きな！」、と非難しないでください。『続日本紀』の大宝三年（七三七）の条に『大般若経』を転読したという記録があるというから、歴史ある時間短縮なのです。

でも、忙しいと悲鳴をあげている現代人ならばいざ知らず、なぜ千数百年も昔から、パラパラと経典をめくるだけで、本文をよまない時短をしてきたのか。やはり、「文字は、ことだまの呪能をそこに含め、持続させるものとして生まれた」（白川静『漢字・生い立ちとその背景』岩波新書）から、よんで情報をえる前に、文字自体の威力をたよりにして怖れもしたのです。怖れは近現代まで続いています。たとえば、ラフカディオ・ハーン（一八五〇～一九〇四）の『耳なし芳一』で、般若心経を身体にびっしり書くと、亡霊は身体が消えるというシーンは、文字そのものに特別な力をみたのでしょう。

お経を読むのをやめて文字を数えてみたら

文字を畏怖するのは、呪術的な力があるからだけではありません。とてつもない労苦のはてに文字を伝えた人たちへの、驚きもあるのではないでしょうか。

前述したように般若経を翻訳したのは玄奘法師です。法師を主人公にした『西遊記《さいゆうき》』は小説ですが、七世紀に、唐の都・長安からひとり、中央アジアの砂漠を行き、天にも届く山脈を越えてインドにたどりついたのは歴史的事実です。インドでは唯識を学び、大量の大乗仏典を中国へ持ち帰ります。これだけでも偉業なのに、持ち帰った経典を漢字に翻訳するのですからスーパーマンです。そこで、大般若経転読では「今、私たちが身近な漢字で仏教を知ることができるのは、あなたのおかげです」と、玄奘三蔵のお名前を唱え畏敬の思いを表します。

一巻の経本を転読するたびに一回ずつお名前をお唱えするから、六百回はお唱えします。念仏やお題目は阿弥陀《あみだ》如来や法華経の御名を唱えるわけで、いくら偉大とはいえ、祖師の名前を何百回も唱えるのは破格です。

玄奘法師にたいして、破格な待遇をするのは、やはり、あのお経の翻訳者でもあるからでしょう。あのお経とは、『般若心経』です。日本の伝統教団の多くがよんで、短いから親しみがあります。だから、僧侶に限らず、文学者や科学者の解説書もあって、言いつくされていま す。言いつくされているけれど、ある朝、木魚をポクポクとたたきながら気がついたのです。

「般若心経には否定の漢字が多いなぁ」

木魚をたたくのをやめて、数えてみました。お経の途中で一旦停止するなんていうのは、ひとりでやっている朝課だからできる醍醐味です。檀家さんの年忌法要でこんなことをしたら、「和尚さん、お経をまちがえた」。なんて言われてしまいます。

数えた結果、「無」は『般若心経』二六二文字中に、二十一あります。「不」は九つ。「五蘊《ごうん》（色《しき》・受《じゅ》・相《そう》・行《ぎょう》・識《しき》）はみな空である（五蘊皆空《かいくう》）」というように「空」も否定的につかわれているから、「空」も数えてみると七つ。「無」「不」「空」の合計で三十七字になり、全体の十四％になります。漢字ばかりのお経も、シンプルに三文字だけを注目してみると傾向がわかります。

まるでガンコ親爺が、ダメ息子に向かって、「おまえのやっていることはまちがっとる」と、全否定するようなお経なのです。今どき、そんなガンコ親爺は絶滅危惧種だろうし、否定はあまり流行りません。

ビジネスパーソン各位だって、部下の失敗を叱るときに、「あなたともあろう人間が、どうしてこんなミスをするんだ」なんて言って、これまでの功績を認めたうえで注意する。否定だけをするのはご法度です。

あるいは、東日本大震災以後、仏教界で認識されたのが「傾聴《けいちょう》」の大切さです。被災者の声を聴くことで、心のケアにあたる「傾聴」のマニュアル冒頭には、「相手を否定したり反論せず、無条件に受け入れる」とあります。

なのに、『般若心経』は、「生ぜず滅せず（不生不滅《ふしょうふめつ》）」、「増えもせず、滅することもない（不増不減《ふぞうふげん》）」と否定ばかりするのです。否定詞が多いのは、新興勢力が旧の体制を批判するときにおきる現象です。ならば、否定される相手は誰なのか。そして、新たに生まれようとしていた勢力はなんなのか。これは誰も気づいていない、『般若心経』のひみつだ。と、にんまりとしたのですが、筆者が思いつくことなどは、すでにきちんと文章にされていました。

今、もっとも読まれている仏教書の著者である佐々木閑花園大学特別教授が、『般若心経』は「釈迦の仏教の否定」であり、「釈迦の教えを乗り越えようとして現れた新型の経典」という視点から、『100分de名著・般若心経』（NHK出版）を書いておられました。書いているばかりか、テレビ番組で話しておられたとは、知らなかった。知らなかったけれど、人気仏教学者と同じアイデアを持ったことは、筆者だけが知っている否定のできない事実です。

3章 整える

やっと支度はできた

1章で心を起こして、2章で捨てて休んで、支度はできたから、種をまかなければ芽はでない。さあー、はじめましょうか。そう言っても『坐禅儀』は、まだいくつかの条件をあげます。

「坐禅をしようとするときは、静かな場所で、厚く座布団を敷き、着物や帯はゆるくし、姿勢をきちんと整えなさい」

静かな場所、座布団、ゆるいファッション。この中で、現代人にとってもっとも手にはいりにくいのは、静かな場所でしょうか。静寂な環境を手に入れるためには……。まずスマホをいじらない。見ない。これだけで、心も身もずいぶんと静かになるはずです。それはわかっちゃいるけれど、どうすれば良いか。書籍もでているし、ネットにもいっぱいあるから、そちらを見て!、と書いて、思わず笑ってしまうのです。スマホを見ない方法を探すために、スマホを見なければならない。だれも彼も重い依存症になっています。

さて、中国は唐の時代の白楽天は次のような言葉をのこしました。「大隠《だいいん》は朝市《ちょうし》に住み、小隠《しょういん》は丘樊《きゅうはん》に入《い》る」。大人物は町の真ん中に住んでも静かな心をたもつのに、小人物は山の中に住まないと、静寂に暮らせない。それで、白楽天は大隠と小隠のどちらかというと、「自分は中隠を目ざす」、というのだから、贅沢。現代人にとってあこがれの静かさをどう実現するか。

1　静けさとは

生きることとひき替えに、現代人は、
際限もないうるささに耐えている。
音ばかりじゃない。映像も、匂いも、
味も、ひょっとすると、ぬくもりのようなものでさえも。

——平野啓一郎『マチネの終わりに』

霧笛が鳴ればいい

類語辞典で「静」の字を引いて、驚きました。「静」の類語だけで、B6版辞書の一ページを占領しているのですから。どんな「静」があるかというと、「静寂」「静粛」「平静」「閑寂」

「森（深）閑」なんていうのは、まだまだ序の口で、「黙（しじま）」に「長閑（のどか）」ならば、キラキラネームにもなるんじゃない。そして、類語辞典は「静」の項に、「しみじみ」という小洒落たことばをあげています。「しみじみ」とくれば、「ぬるめの燗」が欲しくなります。燗酒のほかに必要なのは、「はやりの歌」ではなくて、「霧笛が鳴ればいい」のです（なんのこっちゃ）。

静けさに、音が連続するはやり歌はじゃまです。ぽつりぽつりと孤立して響く音が似合います。もっとも、考えごとのバックミュージックに爆音のシンフォニーが向いているという知人もいます。その気持ち、なんとなくわかるような気もしますが、普通は静かなほうが思索や読書は、はかどります。

でも、まったく音がない状態が静謐《せいひつ》かというと、そうではなくて、ボーと霧笛の一声で、いとど寂寥《せきりょう》感がつのります。と書いてきて、若かりし頃の友人が、しみじみと語った修行時代の静けさの体験を思い出しました。

臨済宗の修行道場は、全国各地に散らばっています。筆者がいたような、関東平野の真っ平らなところや、山の中にもあるし、港を眼下に見下ろす高台にも建っています。友人は、港の見える道場にいました。

晩の九時になると、一日の勤めが終わり、開枕《かいちん》（消灯）になります。寝るにも作法があって、短い漢文読み下しの和讃をとなえ、鈴《りん》の合図とともに衣を脱ぎ、頭上にしまってある蒲団を取りだし、坐禅堂の畳の上に敷きます。蒲団は柏蒲団といって、一枚の蒲団を二つ折りにして、くるまって寝ます。柏餅の餅が蒲団で、雲水《うんすい》（修行者）はあんこ状態。

これで、やっと眠れるかというと、休めない。禅堂の灯りが消えるやいなや、もう一度起き上がり、坐禅用の単蒲団と脱いだばかりの衣を手にして、禅堂の外へ出ていきます。まだ坐りたいから（ということになっている）、本堂の縁側や庭で坐禅をするのです。これを夜坐《やざ》といいます。

足は痛いし眠いけれど、夜坐の救いは、天上の星であり月であり、風が流れて、虫が鳴く。そして、友人の道場は遠くに港が望める場所にあったから、夜のくらやみから霧笛が聞こえてくるのです。「あの音はたまらなかった」。けっして純な雲水ではなかった友人の思い出です。

このように、静けさを破り大音声で和讃をよみ、瞬時に蒲団を敷き横になる。そしてまた起ち上がる。静から動へ、動から静へ。静があるから動が際立ち、静があるから音が鮮やかになります。

昭和を代表する作曲家のひとり、芥川也寸志（一九二五〜八九）は自著、『音楽の基礎』（岩波新書）を、次のようなことばで書きはじめます。

「音楽が存在するためには。まずある程度の静かな環境を必要とする」

そして、こう言い切ります。「静寂は、これらの意味において音楽の基礎である」、と。

雨のことば辞典

冒頭で、類語辞典で「静」の字を引いたら、ずいぶんと類似のことばがあるのに驚いたと書きました。でも、「静」くらいでびっくりしてはいられない。日本語には、ひとつの文字にまつわることばだけで、一冊の辞典ができてしまうほど豊かな言い回しがあるのですから。一文字で一冊の辞典。なんという字だと思いますか。「雨」です。

倉嶋厚監修『雨のことば辞典』（講談社）という書籍があります。倉嶋氏（一九二四〜二〇一七）は、気象庁主任予報官をつとめた科学者です。本の帯には「雨のことばだけを1190語集めたユニークな超辞典」とあります。ことばの出典と例話は、万葉集からはじまり司馬遼太郎、角川春樹の俳句にいたるまで、監修者の博識に感心するばかりです。よく知られた雨のことばをあげれば、五月雨をこう説明します。「(さみだれ）の（さ）は五月の（さ）と同じで、神にささげる稲のこと」。そして、次の俳句をあげます。

五月雨をあつめて早し最上川　松尾芭蕉
さみだれや大河を前に家二軒　与謝蕪村
五月雨や上野の山も見飽きたり　正岡子規

五月雨の句は、ほかにもいっぱいあるだろうに、この三つを載せたのには深ーい意味がある、と思う。正岡子規は松尾芭蕉の「五月雨」の句を『仰臥漫録《ぎょうがまんろく》』で、「あつめてといふ語はたくみがあって甚だ面白くない」と批判して、蕪村の句の方が「はるかに進歩して居る」と評価しているのです。

短歌俳句の革新者からそう言われてしまうと、「うーん、確かに蕪村の句の方が絵画的で静けさがある」なんて思ってしまうのは、素人の浅はかな変節です。紙面の制約と辞書の性格から、そのことを書かないのは、監修者の奥深さでしょうか。筆者などは博学のふりがしたくて、こうやって説明してしまいます。言わなくてもよい解説もまた騒音です。

うるさくて余計なことといえば、五月雨は現代の五月には降りません。そして、五月晴《さつきばれ》という言葉もありますが、青葉若葉が目にしみる大空を表すのではなく、もともとは梅雨空のほんの少しの晴れ間を意味したのだそうだ。このやっかいなずれは、ご存じのとおり、俳聖が使っていた暦と、現代の暦が異なるからです。

『奥の細道』の旅は、元禄二年（一六八九年）三月下旬にはじまります。これも、現代の暦《こよみ》に直すと五月中旬で、今の県名にすれば山形県を流れる最上川の河畔に立ったのは、新暦七月中頃になるという。しかも、芭蕉は「最上川」の句をよむ前日、立石寺《りつしやくじ》に立ちより、「閑さや岩にしみ入る蝉の声」の句を作っています。蝉の声なんて、あまり鳴かれるとうるさいと思うけれど、先にあげた芥川也寸志氏の著述にあるように、静けさがあるから上質な音になるのでしょうか。

さて、インドのガンジス川中流域をくり返し行き来した釈尊も、川に関することばをいくつものこしています。『スッタニパータ』と呼ばれる最も古いお経に、次のようなことばが収められています。「河底の浅い小川の水は音を立てて流れるが、大河の水は音を立てないで静かに流れる」

もちろん、川の水にたとえて人のありさまを教えているので。釈尊みずから、引き続いて説明してくれています。「欠けている足りないものは音を立てるが、満ち足りたものは全く静かである」

近くにいませんか。ピイチクとうるさいのが。私は言葉少なく、静かな人間です（と思っている）。でも、緊張がとけると、しゃべりすぎます。それをあとで思い出し、自分で自分がいやになるのがいつもです。おだやかな気分をたもつには、静かでいること。わかちゃいるけれど、それが難しい。

2 観

空気は読むものではない。吐いて吸うもの――藤原東演

空気の研究

先輩住職が執筆した著書をちょうだいしました。タイトルを見て、思わず笑いがでてしまいます。書名は「空気は読むものではない。吐いて吸うもの」。

タイトル命名の背景は、坐禅の呼吸法にあります。坐禅は、空気を吸って吐くのを大切にして、吸うよりも吐くことを重要視します。だから、ご丁寧に本の見返しには、著者ご自身が毛筆で力強く染筆した「吐く」の二字が印刷されています。

それにしても、「空気を読む」という言い回しはいつ頃から、口にされ活字になったのでしょうか。空気を読まない、読めない筆者としては、「読め！」と無理じいされているような空気が感じられて嫌な表現です。だいたい空気ということば自体が、江戸時代末期の蘭学者によって、ａｉｒを翻訳した訳語らしい。したがって、仏典には「秋空の気」とか、「陽の気、陰の気、空の気」という用例はあっても「空気」はでてこない。現代でいえば、山本七平著『空気の研究』（文藝春秋社）が出版されたのは昭和五十二年だから、研究はされていたけれど、未だ空気は読むものではなかった。それが、いつの頃からか誰かによって、吸うでもなく吐くでもなく、読む存在になった空気です。

というわけで、中国は宋の時代の坐禅マニュアル、『坐禅儀』に「空気」の文字はない。では空気を吸って吐くことをなんと言っているか。気息といいます。冒頭で、坐禅の呼吸法は、吸って吐くのを大切にする、と書きました。ならば、坐禅の仕方をしめした『坐禅儀』ですから、詳しく気息のしかたを教えてくれるかというと、「坐相が安定し、気息が落ちついたら」としか説明していない。

いつだったかの大河ドラマで、登場人物が亡くなる際に、最期のシーンが描かれないまま、ナレーションだけで死亡が語られるナレ死というのが話題になりましたね。あれですよ。過程は明らかにしないで、結果だけを簡単に述べるだけのナレ息。

坐相は結構くわしく書かれているんです。たとえば、「耳は肩に対し、鼻はへそに対して垂直になるように」とか、「舌は上の顎《あご》を拄《ささ》え、上下の唇と歯を互いに合わせ」といった具合に、わかりにくいけれど身体の細部まで説明してくれます。

だのに、呼吸法については、「気息整えば」としか教えてくれない。相（すがた）が整えば、おのずから呼吸は整う、というのでしょうが、大事なことなのに書いてないのは奇妙です。もしかしたら、呼吸法は、すでにたくさん伝えられ、今さら言うまでもない常識だったのかもしれない。中世の人びとには常識でも現代人にとっては非常識です。なにかありそうだ。

光の道

坐禅も瞑想法のひとつだから、瞑想は禅だけ、いや仏教だけの修養ではありません。安永祖《やすながそ》堂《どう》著『笑う禅僧』（講談社現代新書）の記述を引用します。

坐禅に合わせて数息観《すそくかん》や「趙州無字《じょうしゅうむじ》」、「隻手音声《せきしゅおんじょう》」の公安工夫に努めるというような瞑想の技法は、世界の主要宗教に共通して見られるといっても過言ではない。

イスラム教におけるズィクル（連禱《れんとう》）や、東方正教のヘシュカスム（静寂主義）も、祈りの言葉をくりかえし唱えることを主としつつ、呼吸を調え、意識を整えるものだ。

西方キリスト教であっても、十四世紀に著された『不可知の雲』第三十八章には、単音節の短い祈りを全霊をこめて祈る「射禱《しゃとう》」について語られている。


イスラム教にもキリスト教にも、瞑想法はあって、呼吸の調え方を教えている。だから、『坐禅儀』は呼吸法について書かなかったのか。『笑う禅僧』からの引用文で一行目をみてください。不親切にも『坐禅儀』には書かれなかった呼吸法のひとつに、数息観があります。

数息観は読んで字のごとく、息を数えます。長く吐きながら「ひとー」、息を吐ききったら、吸いながら「つ」。「ふたー」「つ」。「みー」「つ」、と十までいったら一にもどる。もともとは中国の道教の呼吸法だという。

数息観は初歩の呼吸法で、次の段階には随息観《ずいそくかん》があります。いずれも「観」の字がつきます。観とは、「外の対象をはっきりと見ること『広説佛教語大辞典』」です。はっきりと見るために、息を整えるわけですが、他にも整える方法があります。

そのヒントが、アイドルグループ「嵐」が出演していた航空会社のテレビコマーシャルにありました。「光の道」をテーマにした映像でした。「光の道」とは、福岡県北部に建つ宮地嶽《みやじだけ》神社の参道のことです。毎年、二月下旬と十月下旬の数日間だけ、神社と参道と玄界灘に沈む太陽が一直線に並び、参道が光り輝きます。その絶景を夕焼け色に染まったアイドルが見入る、という画面でした。

コマーシャル以後、観光客が嵐のように押しよせるとか。残念ながら私は、光の道は未経験ですが、他にも眺めてみたい夕日の絶景ポイントをあげれば、大阪四天王寺はいかが。

「なんでや、ビル街の夕日なんて、おもろない！」、と反論されるかもしれません。でも、古い歴史をもつこの寺は、中世の頃まで大阪湾に没する太陽を見る絶好の場所だったといいます。聖徳太子も春分秋分の日の夕方、四天王寺の西門のまん中に落ちていく夕日を合掌して拝まれたとのこと。実は春秋彼岸に、夕日を観察するのは物見遊山《ゆさん》ではなく、きちんとした仏道修行なのです。『観無量寿経《かんむりょうじゅきょう》』に、次のような一節が収められています。お経のタイトルからして、「観」がつく、「はっきりと見る」ためのマニュアルです。いわく、

「まず想像力を奮い起こし、正坐して西に向かい、じっと太陽を見つめるようにせよ。そして、心を固く定め思いを一つにして移さないようにし、太陽がまさに没しようとして、あたか

も空中にかけられた太鼓のような形になっているのを見よ」（大乗仏典6『浄土三部経』中央公論社）

これは、「日想観《にっそうかん》」という浄土教の修行で、お彼岸の起源のひとつに、この行があるのは確からしい。阿弥陀《あみだ》さまがおられる西方浄土《さいほうじょうど》に沈む夕日をただ見るのですから、難しくはない。だれでもできそうだけれども、普通は長時間にわたり正座して日没を眺めないし、禅宗は建物の中で坐禅をするのが基本なので、明から暗への空気の流れは感じても、夕日は見ない。

禅とは縁遠い修行かというと、「禅浄双修《ぜんじょうそうしゅう》（禅と念仏の二つを修める）」という言葉もあるし、臨済宗で、お施餓鬼《せがき》や葬儀の時によむ「往生呪《おうじょうしゅう》」という経文（陀羅尼《だらに》）は、冒頭で「南無阿弥陀婆耶《なむおみとぼや》」と阿弥陀さまのお名前を唱えるから、禅も西方浄土と無縁ではないのです。

さて、上皇后陛下美智子様の歌集『瀬音』（大東出版社）に「移居」と題した歌があります。

三十余年《さんじふよねん》君と過ごしし此の御所に夕焼けの空見ゆる窓あり

平成五年の作だという。これも、日想観ではないだろうか。

3　姿を整える

如来というのは、さとりをひらいた者のことです。「さとり」って何、ってきかれると、ちょっとむずかしいけれど。自分や世界がどんなものであるかが、すっきりとわかって、もう悩まない……、そんなじょうたいかなぁ。

――山本勉著『完本仏像のひみつ』

お釈迦さまの寝言

瀬戸内寂聴尼（一九二二〜二〇二一）の句集『ひとり』（深夜叢書社）から一句。

雲水の花野ふみゆく嵯峨野かな

作家・瀬戸内晴美が突然に出家して寂聴となり本拠地としたのが、京都嵯峨野の寂庵。俳句にある「雲水《うんすい》」は禅の修行者のことで、語源は「行雲流水《こううんりゅうすい》（行く雲、流れる水）」、あるいは「栖雲枕水《せいうんちんすい》（雲を栖《すみか》とし、水を枕にす）」などの四字熟語から二字をとっています。

嵯峨野は古都の西方にあって、条例で開発が規制され、今でも時代劇のロケができるような景勝地です。その小径を雲水が網代笠をかぶり、素足に草鞋《わらじ》を履いて托鉢《たくはつ》します。「花野」は初秋の季語だから、雲水が身につけているのは、麻の夏衣です。麻糸の編み目はあらく、霜降りの着物が透けてみえ、さらさらと初秋の風にたなびいているでしょうか。この句からは、音も聞こえてきます。雲水は「ホォー、ホォー」と低く力強く連呼しながら、托鉢するのです。

嵯峨野にちかい臨済宗の修行道場は、嵐山の天龍寺です。句集に添えられた随筆に、寂聴尼も天龍僧堂の托鉢に加えてもらった体験が書かれていますし、寂庵は托鉢の途中で雲水にお茶とお菓子を接待する茶礼《されい》場にもなっていたようです。茶菓をふるまわれた多くの雲水のひとりに、芥川賞作家の玄侑宗久師がおられます。玄侑師は天龍寺で修行したのでした。

さて、筆者が句集『ひとり』を手にしたのは、寂聴尼が亡くなってからです。正直に白状すれば、寂聴さんの本ってあまり読んでないのですよ。お話は実際にホールで聞いたことがあるし、テレビのドキュメンタリーでもたびたびお姿がみえたし、身近に感じていて知ったつもりになってしまい読んでない。だから、「きみという女は、からだじゅうのホックが外れている感じだ」。そんな書き出してはじまる『花芯』なんていう危ない小説は読んでないし、「美はただ乱調にある。諧調は偽りである」とかいう小説も読んでない。

ただ、そのものずばりの小説、『釈迦』(新潮社)は読みました。「雨の中をアンババーリーの娼館から帰ったら、竹林の小舎の中で、世尊はまだ眠りつづけていた」と書き出されるこの小説。漢訳仏典に「娼(あそびめ)」はときたま登場する文字だけれど、寂聴著『釈迦』には、弟子のアーナンダが自らの体の衰えを描写する次のような一節もあります。「陰毛の茂みにきらりと光るような白いものを見つける」

こんな表現のある釈尊伝はおもしろいですね。お釈迦さまは神でもないし絶対者でもなく、ロウソクが消え去るように八十年の生涯を終え、復活などしない人間でした。そうわかってはいるけれど、かくの如く来れる如来さま。つまり、衆生救済のために迷界に来た人だから、人間ばなれしている存在です。だから、小説に「アーナンダか……夢を見ていたようだ。寝言をいわなかったか」なんていう、お釈迦さまの会話がでてくると、「如来さまでも寝言をいうのか」と、驚いてしまう。筆者のような凡僧は、釈迦=寝言、という発想がわいてこないのです。

お手本は赤ちゃんのお坐り

発想がわいてこないといえば、お釈迦さまはどんな坐禅をしていたのだろう。その時は、どんな呼吸法をしていたのだろう。そんなことを凡僧は思いもしないのですね。人間釈迦ではあるけれど、異次元の人、そう思ってしまうから。

たとえば、近年の研究によれば、釈尊は二十九歳で自らが育った王城をひとり離れます。修行の師を求め集団に入ったのち、ひとりで山中にこもる。しかし、苦行は真の道ではないと気づき、山を出て人里に下り、菩提樹のもとで七日間ひとり坐り続け、八日目の朝に東の空に明けの明星をみて大悟する。八日間も集中的に坐って足は痛くなかったのだろうか。腰は痛くならないのだろうか。なんて筆者は考えない。なにしろ如来さまだから。

坐禅というのは坐って足が痛い人と痛くない人がいるんです。筆者は足が痛い禅僧です。くりかえし坐ることで痛みは軽くなるのですが、はじめから結跏趺坐《けっかふざ》で一時間坐ろうが、二時間坐ろうが、痛くない人がごくまれにいます。おそらく釈尊は足が痛くない人であったと思います。

坐るのに適した身体をもっていたであろう釈尊はどんな呼吸法でどう坐ったのか。このことを「基本的な問題意識」にしている現代の二人の禅僧がいます。曹洞宗の藤田一照《いっしょう》師（一九五四〜）と臨済宗の佐々木奘堂《じょうどう》師（一九六六〜）です。

筆者はおふたりに会ったことはなく、著作から人柄を想像するだけですが、干支でいうとひとまわり年齢がはなれているけれど、いくつかの共通点があります。ひとつめが、寺の生まれではなく、普通の家庭に育ち大学の時に禅の世界に導かれたこと。ふたつめが、藤田師が文系、佐々木氏が理系のちがいはあるけれど、東京大学の出身だということ。

ちがいはというと、佐々木師は臨済宗に属し、藤田師が曹洞宗に属しています。もっとも、藤田師も大学時代には臨済宗の本山である鎌倉円覚寺の居士林《こじりん》（出家者ではない人専用の坐禅堂）に通い、臨済宗の道場に入門しようとしたのですが、臨済宗の某老師に「君は寺の住職になるのが目的ではないのだろう。坐禅を純粋にやりたいのだったら、曹洞宗に安泰寺という修行道場があるからそこへ行ってみたらどうかね」と教えられ進路を変更して現在にいたります。

なじみのない寺の名前や宗派などがでてきて一般読者にはわかりにくい話でしょう。そこで、学生の就活にたとえてみます。企業へのインターンもすんで内定の出た学生が最終的に重役と面接したと思ってください。人材不足でどうしても欲しい優秀な学生に向かって、重役さんが同業のライバル会社へ行くのを奨めてしまったようなものです。『孟子《もうし》』尽心《じんしん》篇には「去る者は追わず、来る者は拒まず」の名句があるというのに。某老師はその後、大徳寺派の管長になった方です。だから、深い考えからなのでしょう。でも、筆者にはこれまた想像の彼方にあるエピソードです。

さて、失礼な言い方を許していただければ、坐禅オタクの佐々木師は、「股関節を柔軟にしないと、ちゃんとした坐禅ができないことに気づき開脚して、状態を骨盤から曲げて前傾するというストレッチを毎日一生懸命やっていた時期がありました」。その結果、ギックリ腰になってしまう。「自分はいったい何をやっているのだろうと、つくづく悩みました」。試行錯誤の末、たどりついたのが、「ただ坐る」、「ただ呼吸する」。

「ただ」とか「今のまま」というのは簡単ではありません。簡単ではない見本として、おふたりがあげるのが、赤ちゃんのお坐りです。藤田師は自著『現代坐禅講義』（佼成出版社）で次のように記しています。

〈赤ちゃんの作為のなさに注目してください。そこには「背中をまっすぐにしなくちゃ」「じっとしていなくちゃ」、「いい姿勢で坐っているところをママに見せてほめてもらおう」。そういう人間的な「力み」やわざとらしい「作りごと」が全くありません〉

そして、坐禅の手本として、赤ちゃんのお坐りの写真をいつも座右においておくべきではないか、と読者に推奨します。お釈迦さまが坐っていた姿は、赤ちゃんが生まれて最初にお坐りした姿勢でした。お手本は身近にあったのです。

さて、冒頭でかかげた瀬戸内寂聴尼の句集『ひとり』には次の句もあります。

子を捨てしわれに母の日喪のごとく

捨てた子が赤ちゃんの時にお坐りした姿を、記憶から捨てられなかったにちがいない。

4 食を整える

「流行りの食べ物はサイクルが短い」

——黒柳桂子著『めざせ！　ムショラン三ツ星』

禅の修行者のように意思堅く

もう、だいぶ前になってしまったから白状するけれど、人間ドックで脂肪肝と診断されました。修行道場（僧堂）の生活から逃げ出して、一年ほど過ぎた頃でした。僧堂の食事ときたら、決められた時間に決められた作法で、いつも同じ顔をみて黙って食べる。だから、道場の生活から離れて、いちばんうれしかったのは、自分の食べるものを自由に決められることでし

た。その結果、食べすぎ、飲みすぎ、運動不足で肝臓に脂肪がたまってしまったのです。

今だったらインターネットで検索すれば病気のあらましがわかりますが、ネットなんてまだない時代です。さっそく本屋へ走り、脂肪肝に関するハウ・ツー本を買い求めました。読んでみれば、原因は思いあたることばかりですし、対処方法も納得できます。ただし、本の中ほどにある次の一節を目にしたときは、思わず笑ってしまいました。

「脂肪肝の最善の治療方法は、禅の修行僧のようにシンプルな食事を心がけ、意思堅く節制することです」

この本の著者は医学部の教授ですが、その方が診察したのは、立派な修行者だったのでしょう。でも、すべての禅の修行者が意思堅固なわけではありません。筆者のように、定まった環境ならばそれなりに節度を守っても、ひとたび緊張がゆるむと大空へ放たれた風船のようにあちこちをただよう弱い者もいるのです。空中に飛んだ風船はいつかしぼんで落下しますが、こちとらは、ますます肥大してしまうから始末がわるい。

さて、ドクターが推奨する修行僧のシンプルな食事といっても、何がシンプルかによってありようが変わってきます。つまり、食材がシンプルなのか、食器がシンプルなのか、メニューがシンプルなのか、などなど。

まず、原則として修行道場は自給自足ですから、食材は道場の畑で作った季節の野菜が中心になります。初夏にはジャガイモばかりで、夏から秋は茄子ばかり。冬は大根と白菜で、ちょっと思い浮かべたところ単調です。が、季節が移れば食材も変わるから、一年中トマトがあるスーパーの野菜売り場より、変化に富んでいます。

ところで、僧堂で菜園の係を園頭《えんず》といいます。「園」一文字だけで果樹の畑をさし、「頭」は「ず」とも「じゅう」ともよみ、意味には関係のない接尾辞です。「頭」は禅の修行道場の役職によく使われる接尾辞で、中国・元の時代に、禅寺の規則をまとめた『勅修百丈清規《ちょくしゅうひゃくじょうしんぎ》』には、園頭のほかに「茶頭《さず》」「浴頭《よくず》」などの役職がしるされています。

『百丈清規』は、百丈懐海《えかい》(七四九〜八一四)がはじめて定めたという禅寺の規則集です。原本は不明ですが、いくつかの書物に引用され、より詳細に改編されて伝えられています。原本がはっきりしないのに引用だけが残っているのは、仏教の資料としては時たまあることのようですが、不自然ではあります。「百丈滅後の自著」と考えた方が自然でしょうか。

百丈禅師ときいて思いおこすのは、「一日作《な》さざれば、一日食《くら》わず」という言葉です。よく知られた禅語ですが、高齢になっても鍬《くわ》を手にして作務《さむ》をする禅師を心配し、主事(寺務を司る僧)が農具を隠してしまったところ、食事を摂らなくなってしまった。という逸話から生まれた言葉です。

この言葉は、作務の重要性をしめしたエピソードとして有名ですが、生産労働・肉体労働を禁じたインド仏教の大転換としてとらえると、二千数百年にわたる仏教概論がみえてきます。

自由とは

さて、園頭です。筆者も僧堂で、園頭の経験があります。春先でした。素人が鍬をふりまわして耕す格好をみて気の毒に思ったのか、農家の檀家さんが寄付してくれた中古の耕運機がありました。少しばかり古いのと使い方が悪いから故障し、修理にだしていました。

耕運機がないから土を掘りかえすこともできず、春だというのに種まきを延期していたのです。やることがないので、素手で草とりをしていたときです。僧堂の住職である老師が、畑の脇を通りかかっておっしゃいました。

「種まきの季節じゃないか」

「いえ、耕運機がこわれて修理に出しています」。老師はあきれたような顔をなさいました。

「機械がないと耕せないなんて、不自由じゃないか」

その言葉だけをのこして、老師は紺色の地下足袋を履いたもんぺ姿で、足早に梅林の方向へ歩いていかれました。あの頃、老師は五十代後半のはずです。小柄ながら背筋をりんとのばした後ろ姿を見送って、はっとしました。

耕運機がこわれているならば、他人が修理してくれるのを待っていないで、自らの手に鋤を持って土を耕せばいいのです。それに気がつかないのは、心が固まっていて自由な発想をさまたげているから。心が氷解するときって、気分がよいものです。公案《こうあん》（修行者にあたえられる試問）は、祖師方の言行録にあるばかりではなくて、日常にもあるのです。目の前に提示された試問を現成《げんじょう》公案といいます。そんな現成公案をもうひとつ。

僧堂の指導者である老師の身の回りのお世話をする修行僧を、隠侍《いんじ》あるいは三応《さんのう》といいます。隠侍は老師の居処である隠寮《いんりょう》の侍者《じしゃ》を意味します。三応は『無門関《むもんかん》』第十七則や『景徳傳燈録《けいとくでんとうろく》』にある逸話で、慧忠《えちゅう》国師が侍者を三回呼んだら、三回応えたという問答によります。山びこのように反響するわけですから、純な気持ちが必要です。そうした三応にまつわる逸話を紹介しましょうか。

昭和のはじめ頃、山のなかの修行道場のできごとです。季節は厳冬一月、七日間にわたる特別にきびしい修行期間（接心《せっしん》）のあいだ、晩になると三応は老師に、甘粥《かんしゅく》をおだしするのが日課でした。甘粥は、酵《こうじ》でつくったお粥です。現代でも、「飲む点滴」と呼ばれるくらいですから、良質な栄養食品です。接心の初日、典座《てんぞ》（台所）のクドで煮立っている甘粥をお椀にそそいで給仕しました。老師はひとことだけ、おっしゃいました。

「ぬるい」

長い廊下を運んでくるうちに、少しばかり冷めてしまったのです。二日目は、クドでもっと もっと煮立てて、お椀も前もって熱湯で温めておきました。それでも、「ぬるい」。いろいろとやってみましたが、連日「ぬるい」と言われるだけ。そして、坐っていて、はたと気がつきました。接心の最終日に、甘粥を小鍋にわけて、老師のお部屋の隣室にもちこんだ火鉢で、もういちど沸騰させて給仕したら、はじめて「よろしい」、という言葉がかえってきたという。

なんでもそうですが、結果がでてしまったあとで考えてみれば、シンプルな工夫ですが、いったん迷路におちいってしまうと、なかなか思いつかないものです。まん中の道がだめだったら、右へ行ってみる。右がだめだったら上へ登ってみる。それでもだめだったら……。自由自在に心を躍動させるのも、禅のテーマのひとつです。

5 形が大事か、中味が大事か

「型破りなことをやろうと思うなら、まず型をよく知らなければいけない。そうでなければ、型破りなことなどできない」――一龍斎貞水（大森洋平『考証要集』）

中学の国語教科書に収録されている短篇小説

菊池寛に『形』という短編小説があります。現代の中学校三年生用国語教科書にも収録されているといいます。筆者など、自身の小学校、中学、高校の教科書に何が載っていたのか、まったく記憶にのこっていません。あまりに昔のことなので、忘却の彼方にすっ飛んでしまった。というのが理由のひとつです。

でも、忘れてしまった理由がもうひとつあります。おもしろくなかったから。なぜ、おもしろくなかったのか。国語教科書に採用されているのは、昔も今も名編集者が選んだ珠玉の一編です。つまらないわけがない。でも、珠玉の名作の背後には「次の文章を読んで、あとの設問に答えよ」という、野暮な問いかけが教科書には常にかくれていました。つまり、名短篇が理解度をしらべる材料になっていたので、ただ読むわけにはいかないから、つまらなかった。なんの見返りも求めずに、何かをするというのは大事です。道元《どうげん》禅師もおっしゃっているではないですか。「ひたすら坐れ（只管打坐《しかんたざ》）」、と。

重要なのは、文芸作品をそのまま読んで、理解するのではなくて感じることではないですか。受けとめた結果を、テストという窮屈な空間で問いかけたり、答えたりするから、キラキラした驚きも、輝きが失せてしまう。なぞという講釈はやめて、ご存じかもしれないけれど、菊池寛の『形』を感じてみましょうか。

時は戦国時代、摂津の国の侍大将中村新兵衛が主人公です。新兵衛は、槍の名手として敵軍からはおそれられ、味方にとっては「激浪の中に立つ巌のように敵勢をささえている猩々緋《しょうじょうひ》の姿」は、たのもしくたよりになる存在でした。

猩々緋を『日本伝統色色名辞典』（日本色研事業株式会社）で調べてみると、「緋の中でも、とくに強い調子の黄みの赤をいう」と説明してくれます。ケバケバしい緋色の陣羽織を着ているから、人目をひいて「槍中村を知らぬ者は、おそらく一人もなかった」といいます。

そんな新兵衛に、若い士《さむらい》が「おり入ってお願いがある」と手をついて頼みごとをします。緋色の陣羽織と金色の飾りのついたかぶとを貸してほしい、というのです。なぜなら、翌日は若者の初陣だから。若い士は主君の側腹《そばはら》の子で、幼少の頃からわが子のように育ててきたのでした。新兵衛は申し出をこころよく受け入れました。そして、次のようにさとします。

「あの服折や兜は、申さば中村新兵衛の形じゃわ。そなたが、あの品々を身につけるうえは、われらほどの肝魂《きもたま》を持たいではかなわぬことぞ」

あくる日、若武者は新兵衛の緋の衣裳と飾りのついたかぶとをかぶり初陣をかざります。新兵衛も若武者に負けじと、普通のよろいかぶとで戦をしかけるのですが、「いつもとは、勝手が違っていることに気がついた」。「猩々緋の武者の前には、戦わず浮きたった敵陣が、中村新兵衛の前にはビクともしなかった」のです。新兵衛は、若武者に武具一色を貸したのを後悔します。その瞬間、敵の突き出した槍が新兵衛の横腹を突いたのでした。

全文で一千八百字余りの、この短篇小説をどう読むか。ひとつは、実力以上の虚名（形）にたよることへの批判と読めるでしょう。もうひとつは中味も大切だけど、形も大事だというポジティブな見方、と授業では整理するのでしょうか。だから、名作もつまらなくなる。ただ、余韻を味わえばよいと思うのだけどなぁー。

型破り

さて、戦国武将の話を転じて、筆者の「形」について書きます。以前、季刊誌に短文を書いた時でした。一年間で四回の連載です。三回目まで掲載された頃、知人から酷評されました。

「おまえの文章は、ワンパターンだ」

どうワンパターンかというと、他愛もない世間話から書き出して、どうにか仏教や禅の話にこじつけて結論づけるのが筆者の定形だというのです。今回も書いている、このパターンです。

ワンパターンと言われると聞こえは悪いですが、形が定まっていると考えれば自慢できます。拙いわが文章の形はともかくとして、禅僧としての形を学んだのは修行道場でした。禅の道場だから、もちろん坐禅の形も習います。が、日常の何気ない形がいつのまにか身につくのが道場のすごいところです。

道場で自然と形になるのは、食事の作法であったり、着物の着こなしであったりします。禅僧らしくなるすぐれた教育システムですが、意識しないで自然と自己のものになるから、道場を出て安心していると知らないうちに身から離れてしまうのが欠点です。前述した菊池寛の『形』の主人公が、自分の「形」に気がついていなかったのに似て、すぐれた「形」は無意識に現れて、いつかわからない瞬間に消えていってしまうものかもしれません。

筆者がいたのは、埼玉県新座市の平林寺という修行道場です。平林寺は臨済宗妙心寺派の禅寺で、六百年来の歴史があり境内林は国の天然記念物に指定されています。筆者が入門した時の師家《しけ》（道場の指導者）は、放牛窟《ほうぎゅうくつ》・糸原圓応《いとはらえんおう》老師でした。

圓応老師は、残念ながら平成二十六年五月に満八十七歳で遷化《せんげ》（逝去）されました。亡くなる二十年前に隠居したあとも、夏は三時冬は四時に起床の生活をずうっと続けられていたようです。禅僧の形通りの生活です。

もちろん妻帯しているわけではなく、家族もおられない。外出もそう多くはない。四季の変化があるとはいえ、単調です。単調だから、時々生活にアクセントをつけるのが、上手な方でした。

たとえば、数か月にいちど、愛用のお茶碗を別のものにする。あるいは、机の向きを少し動かしてみる。ひんぱんにやったら迷いですが、絶妙の間合いで変える。生活のリズムを調えているように見えました。生き方の名人です。

そんな老師が、逝去される十年ほど前に形を破ります。妙心寺派の管長職に就任を拝請《はいしょう》（要請）されたのです。管長は教団の代表者ですが、実務的な代表というよりは象徴に近い存在です。任期は四年で、主として修行道場の師家から選ばれます。

管長職への拝請をするために、使者が平林寺を訪ねます。圓応老師は就任を辞退されます。拒絶されても、使者の方がたは笑顔でゆうゆうと帰られたといいます。なぜなら、重役への就任を遠慮して、一度は断るのが通例だからです。日を改めて、ふたたび使者がやってきます。老師は再度固辞されます。通例の形式ではなくて、本気だったのです。型破りです。

三顧《さんこ》の礼というから、三度使者が訪れたけれど、結果は変わりませんでした。今、真意を推測するのは野暮というもの。圓応老師はそういうお方だったのです。

老師の津送《しんそう》（本葬）の日、庭には白い娑羅の花が落ちていました。それから一年が経った次の年の五月末、ある期間は親子以上に濃密な時間を圓応老師と共有した者たちが集まり、一年忌法要を営みました。その時、娑羅の花は散らずに数輪が咲いていました。花は形をたがえず、同じ季節がやってくると咲きます。人にはできない技です。

6 声に出して語ってみたい名台詞

粉飾された歴史などに興味はない。寺宝はと問われれば、信州の田舎寺ゆえそんなものはない。あえていえば、この住職が宝よ

――高橋勇音

珍しいから宝になる

世の中に、名言至言格言はあまたあれど、自分で声に出して語れることばとなると、そう多くはない。たとえば、別れる人に井伏鱒二の名訳を拝借して、「ハナニアラシノタトエモアルゾ　サヨナラダケガ人生ダ」、なんて言えますか。ちょっとキザで恥ずかしいな。

また、吉川英治の名句だという「朝の来ない夜はない」を、受験に失敗してうなだれている予備校生におくったら、元気になってくれるだろうか。良い気分にさせてくれることばはたくさんあるけれど、そのことばで自分の思いを伝えられるかというと、難しいのです。

難しいけれど、筆者は一度でいいから、口にしてみたい台詞があります。松本市神宮寺元住職高橋勇音《ゆうおん》師（一九一二〜九四）が、寺報に書いていたことばです。寺を訪れる歴史や美術の研究者から、「寺史は？　寺宝は？」と尋ねられたら、次のように答えたという。

「粉飾された歴史などに興味はない。寺宝はと問われれば、信州の田舎寺ゆえそんなものはない。あえていえば、この住職が宝よ」

読むだけで爽快な気分にさせてくれる台詞だけど、言われた研究者は二の句がでない。ほんとうに口にしたのだろうか。たぶん、言っていると思う。なにしろ、洒脱な方だったから。

勇音師が教団の重職をつとめていた頃、筆者は宗門大学に在学していました。師のもとで小間使いのようなことをして、過分なおこづかいをいただいた経験があります。それに味をしめたのか、師がすべての役職をリタイアして松本へもどられてからも、ときたま訪れてごちそうになっていました。

一宿一飯の恩義から言うわけではないけれど、師の著書『凡僧日記』（河出書房新社）は、戦後、スパイ容疑で中国で銃殺された川島芳子との数奇な出会いや、漢籍の素養に裏づけされた豊かな話題を提供してくれます。が、ダジャレが多いのは玉にきず。でも、宝玉が少し曇っていたとしても、「宝」にはちがいないし、曇りのありかたによっては珍品になるのが楽しい。筆者が「この住職が宝よ」と言ったら、誇大広告ですが、勇音師だったら許される。一度は声に出して語ってみたい台詞です。

ところで、宝という字には、「珍なり」という訓があると教えてくれるのは、白川静著『字統』（平凡社）です。たしかに、珍しいからお宝になるわけで、ありふれていたら、誰も見向きはしない。

数が少ないから珍しいわけですが、もともと数が少ないものもあるけれど、時間の荒波に洗われて、減少して珍品になった場合もあります。言いかえれば、耐えてきた時間の蓄積が、珍しいお宝をつくるのではないか。積もった時間が宝だから、「創業元治元年」とか、「SINCE1917」なんて看板を、自慢するのです。

しかし、最近は時間の蓄積が薄っぺらになっています。このあいだも、テレビの食レポ番組で、「昭和四十年創業の老舗《しにせ》を紹介します」、なんて言っていた。昭和四十年生まれで老舗ならば、筆者自身も老舗の仲間入りです。百年とかのスパンを経験して、はじめて老舗とよばれるのではないか。

百七歳の長寿をまっとうした彫刻家の平櫛田中《ひらくしでんちゅう》は、「人間ざかりは百五歳、七十、八十は鼻たれ小僧」という名言をのこしています。創業五十年では「鼻たれ老舗」にもなりません。

そして、中国は唐の時代の『貞観政要《じょうがんせいよう》』には次のような一節があります。太宗《たいそう》が臣下に「創業と維持のどちらが難しいか（草創と守成いずれが難し）」と問うたところ、臣下のひとりが「起業よりも、その事業を維持するほうが難しい（守成は則ち難し）」とこたえたという。

北条政子が読み、徳川家康も愛読書だったという『貞観政要』に注目した現代人に、作家の山本七平氏がいます。氏は自著『帝王学・貞観政要の読み方』（文春文庫）で、「確かに創業は大変だが陽性でありモーレツ社員の大変さ」。それに対して「維持は陰性でシンドイ」とおもしろい分析をしています。

元年文書には偽が多い

守った時間の長さがお宝ですから、短いのに長くみせようと、ごまかすのが人の性というもの。あまり長い年月を改ざんすると、すぐにばれてしまいます。だから、数日とか数か月ならば誰も気づきはしないだろう。そう思うのが浅ましい。なんて悪口を書いてよいのだろうか。

これから、筆者が住職する寺の粉飾された歴史を、白状しようとしているのですから。

筆者の寺の開創は、慶長元年一月一日と記録されています。誤りです。なぜなら、『日本史年表』（岩波書店）によれば、慶長という年号は、西暦でいうと一五九六年、陰暦十月二十七日に改元されています。だから、慶長元年にお正月はありません。

こうした記録をなぜ残したか。開山《かいさん》さま（お寺をつくった和尚さま）が慶長二年に亡くなっているので、後世の人が前年の区切りがよい慶長元年元旦を開創の日としたのでしょう。筆者の寺の例をまつまでもなく、「元年文書には偽が多い」というのは日本史研究者のあいだでは常識らしい。そんな常識を教えてくれたのは、加藤正俊著『関山《かんざん》慧玄《えげん》と初期妙心寺』（思文閣出版）です。

加藤先生は禅宗史が専門の学僧です。筆者が花園大学に在学中、先生はいつも法衣を身につけ、手には軸物の箱を二つか三つ風呂敷に包んで学内を歩いておられた。なんの講義だか忘れてしまったけれど、筆者は開講と講了の二度しか出席しないのに単位をくださった。その恩義がずうっと喉もとに刺さっていました。先生の訃報を聞いたのは平成二十一年の初秋でした。住職をされていた京都嵐山の金剛院へ香資《こうし》を送ろうとしたのですが、それも迷惑だろうと思い購入したのが前掲書です。香料のかわりに買った本ですが、ミステリーを読んでいるような、おもしろい学術書でした。どういう謎解きなのか。

京都・妙心寺を開かれた関山慧玄《かんざんえげん》禅師に「遺誡《ゆいかい》」があります。俗な言葉で言えば遺言です。遺言といっても、財産をどうのこうのというものではありません。「昔し吾が大応老祖《だいおうろうそ》」という文言で書き出す、弟子たちへの心構えを説いた文章です。

遺誡の巻末に、書写した年月日として、「康安元年正月十二日」と記されています。康安は西暦一三六一年の三月二十九日にはじまり、康安元年に正月はありません。先生は「遺誡が後世の捏造であるという歴然たる証拠」とつきとめます。言われてみれば、簡単な謎解きですが、それまで誰も気づかなかったのか。気づいていても、くつがえすのをためらったのか。

粉飾した僧にしても、教団を守成していくためのシンドイ仕事であったろうし、加藤先生も「寺宝ともいうべき、妙心寺伝来の史料に対しても手厳しい批判」を浴びせた、この論文の発表以後、関係者からは「史料の公表を拒まれるというようなこともあった」という。まさしく陰性の作業だったでしょう。

こういっては失礼ですが、加藤教授は一般世間に知られた学僧ではありません。売れた著書があるわけでもない。地味な研究者が、捨てなかった宝はなんだったのか。本人は語らずとも、「オノレニ吹キツケルアラシノナカデ、捨テタ宝モアルダロウニ」と、思うのです。

7 リアルとエアー

「死者が年に一ど帰ってくると言いつたえる三昼夜がめぐってくると、しるべにつるすしきたりのあかりいれが朝のまちからとりだされて、ちょうどたましいぐらいに半透明に、たましいぐらいの涼しさをゆれたゆたわせた」——黒田夏子『ａｂさんご』

リアルに帰ってくる?

ある年の七月十三日のことです。近頃だいぶ物忘れがひどくなったわが脳が、なんで正確に月日を覚えているかというと、毎年その日はお盆の行事で東京都内にいるからです。東京は七月盆です。

蒸し暑い日でした。ターミナル駅のバス停でバスを待っていると、同じ列に二人の女子高生がいました。聞くともなしに耳に入ってくる話をつなぎ合わせると、彼女らはキリスト教のミッションスクールへ通っているようです。そして、来るはずのもう一人の友だちが遅れている。理由は、おばあちゃんの家でお盆の手伝いを頼まれているから。ほどなくして、遅れていた女子高生が到着して、友人に興奮してたずねます。

「ねえ、ねえ、お盆っていったいどういうこと。おじいちゃんが帰ってくるって、リアルに帰ってくるってこと？」

古めかしい仏教行事への若者の反応が新鮮です。彼女らはミッションスクールに通っているから「聖書」の授業はあっても、「仏教」の授業はないのでしょう。たずねられた少女は口ごもりながらこたえました。

「そういう意味じゃないんじゃない」

当然ながら、その場に居合わせた僧衣姿の筆者に視線がそそがれているのを感じます。視線の意味はわかるのですが、どう応じたらいいかわかりません。居心地の悪い視線から逃れるように、ちょうど着いたバスに乗り込み、彼女らから離れた座席に腰をおろしたのです。

こんな時には、どのように説明したらよいのでしょうか。「そもそもお盆はウランバーナといって、目連尊者《もくれんそんじゃ》が……」なんて即席の辻説法をしても聞いてはくれないだろうし、「いやー、ウラ盆はあるけれどオモテ盆はありません」とダジャレでごまかすのもいかがなものか。

あるいは、ひらがなを多用し横書きで話題になった芥川賞小説『ａｂさんご』（黒田夏子著）の一節を借用して、「死者が年に一ど帰ってくると言いつたえる三昼夜」、なんて説明をしたら、ますます混乱してしまいます。

亡き人が帰ってくるのが、リアルかどうかは別にして、お盆は年中行事です。定例だから支度をしてお迎えすることができます。招待客です。でも、こちらの都合などおかまいなしに、アポなしでやってくると事情は異なってきます。芝居や落語の怪談噺はこのたぐいでしょうか。

現代の怪談はさわやか

怪談といえば「番町皿屋敷」や「東海道四谷怪談」は、おどろおどろしい物語ですが、最近の小説や映画に登場する亡霊は、ほのぼのとした明るさをもっています。

たとえば、令和三年上半期の芥川賞受賞作、石沢麻依著『貝に続く場所にて』は、ドイツの地方都市へ留学した日本人女性研究者のもとへ、東日本大震災で行方不明になった、同窓の男子学生が現れます。幽霊です。おもしろいのは、七月初旬に日本人幽霊はドイツまでやってくるのですが、幽霊を迎えた女性研究者が、〈お盆はあと一か月半ほどではじまるが、ここに留まるのか、それとも「帰国」するつもりなのか〉、と心配するシーンが小説にあります。ドイツとお盆、幽霊のとりあわせが不釣り合いでおかしい。

お盆と幽霊といえば、令和五年下半期直木賞受賞作の万城目学《まきめまなぶ》著『八月の御所グランド』も、伝説の投手、沢村栄治がお盆に帰ってきて草野球をするはなしです。このように、幽霊がでてくる小説はめちゃくちゃ多いんです。筆者が知っているだけでも、タイトルをあげてみれば、山田太一『異人たちとの夏』、浅田次郎『うらぼんえ』、井上ひさし『父と暮せば』、川上弘美『九月の精霊』、佐藤愛子『冥界からの電話』、筒井康隆『川のほとり』といった具合。

どれもこれも、現代のフィクションの世界では、亡き人は幽《くら》くなく爽やかです。しかし、現実となると深刻です。東日本大震災のあと、被災地でさまざまな幽霊談が報告されています。テレビ番組にもなりました（「ＮＨＫスペシャル　亡き人との再会、被災地三度目の夏に」、二〇一三年八月放映）。学術的なシンポジウムも開催されているようです。京都大学・こころの未来研究センターが「こころの再生に向けて」を二〇一三年七月にひらいています。

震災から五年目に出版されて注目されたのは、金菱《かなびし》清編『呼び覚まされる霊性の震災学』

（新曜社）です。これは東北学院大学の社会学のゼミ生たちが、被災地でおこなった実地調査をまとめたものです。第一章のタイトルは、「死者たちが通う街、タクシードライバーの幽霊現象」です。

震災後の八月、宮城県石巻市のタクシー運転手は厚手のコートを着た二十代の男性客を乗せます。バックミラーを見るとまっすぐ前をさしている。くり返し行き先を聞くと、「日和山」とひと言。到着した時に、姿はなかった。

タクシーは客を乗せれば実車にメーターを切り替え、記録が残ります。不思議な現象は無賃乗車扱いで、「不足金あり」と書かれた運転日報も存在します。証言した運転手は言います。

「またああいう客に会ったら、もちろん乗せるよ」

おそれおののくことなく畏敬の念さえ抱く、この心情はなんなのでしょうか。

柳田國男著『遠野物語』にも、明治二十九年の三陸大津波で妻子を失った福二の話が記されています。ご存じのように『遠野物語』は、明治四十年頃の岩手県南東部の伝説を聞き書きしたものです。全部で一一九話の伝説が収録されていますが、その中の九九段です。題目では「魂の行方」に分類されています。つぎのような話です。

夏の初めの月夜に便所に起きた福二は、霧のなかから亡妻とある男が近寄ってくるのを見つけます。男は福二と結婚する前に深く心を通わせていた人物です。妻は「今はこの人と夫婦になりてあり」と言い、山かげをめぐり見えなくなっていきます。福二は追いかけますが、「死したる者なり」と気づき夜明けまで立ちつくします。朝になって帰りますが、その後しばらく煩った。と、いう話です。

しかし、仏教には建前として、霊魂は存在しないという無我説《むが》があります。これは仏教の基本です。基本は動かしてはいけないけれど、しなやかさを失えば教えは硬直します。無賃乗車した不思議な客の料金を立て替えたタクシードライバーに、「霊魂などない」と諭しても説得力はありません。無我説を建前とする仏教にとって、悩ましい課題です。そこで、冒頭でお盆に帰ってくる祖霊がリアルかどうか悩んでいた女子高生へは、次のように言ってあげたい。

「目に見えない世界はあるかもしれないし、ないかもしれない。ただ、霊魂やたたりを声高に叫んで不安をあおる宗教があったならば、危ないから近づいてはダメだよ」

たぶん、こんなこたえが返ってくるでしょう。

「それって、エアー（虚構）ってこと」

8 かつて禅寺はバイリンガルだった

民は一つで、みな同じ言葉である。さあ、われわれは下って行って、そこで彼らの言葉を乱し、互に言葉が通じないようにしよう。

――『旧約聖書』

禅寺はバイリンガルな世界だった

いったい、英語を何年学んだのだろうか。たいして勉強してないけれど、そのために教室に閉じ込められた時間といったら、かなりになるはずです。結果はというと、ほとんど役立ってはいない。もっとも、上皇さまの教育係だったという小泉信三氏（一八八八～一九六六）は、「すぐに役に立つものは、すぐに役に立たなくなる」との名言をのこしているから、いつかは役にたつかも。と期待しつつも、すっかり錆びついてしまい使いものにならなくなっています。

ところで、英語恐怖症の筆者を力づけてくれるコラムを読みました。「自動通訳が可能になった今、小中高大学と10年以上かけて英会話を学ばせる意味があるのか、という英語教育の根幹に関わる疑問がでている。当然だ」（日経新聞2024年2月20日夕刊「あすへの話題」）。書いているのは、どなただと思いますか。同時通訳者としてテレビ画面でおなじみの鳥飼玖美子さんです。そんな方が英語教育に疑問を投げかけているのだから、世の中は変化していきます。でも、夕刊第一面のコラムを読みすすめると、「機械翻訳が進歩したとはいえ、人間が編集することで訳文の精度が増し読みやすくなる。（途中略）だから世界の命運を左右する外交交渉をAIに任せたら危うい」

なーんだ、自動翻訳が代行してくれる時代はまだまだなのか。語学超不得意坊主は落胆するのです。語学ができるできないで、生き方の色彩が変わる。と、日本語しか話せないなまけ者も思います。でも、それは現代に限ったことではありません。鎌倉時代の禅寺では外国語を習得していたほうが、修行は進んだらしい。

まず、思い出してもらいたいのは、インドで生まれた仏教を日本は中国経由で漢字で学んでいます。日本と中国では同じ漢字を使っても、発音がちがうし文法が異なります。だから、中国へ渡った日本人留学僧も、逆に中国から日本へきた渡来僧も言葉で苦労したにちがいない。それも、日常会話にとどまらず、禅の深いところを話さなければならないから、きちんと伝わったのだろうか。

研究者によると、「このころの（筆者注＝渡来僧・蘭渓《らんけい》道隆《どうりゅう》が鎌倉に建長寺を開いた一二四六年頃）鎌倉五山が日中両国のことばが丁丁発止と飛び交うバイリンガルの世界だった」という。今ならば全講義、英語でやるのをキャッチコピーにする新進大学みたいなものです。おちこぼれはいなかったのだろうか。やはり、おちこぼれもおりました。

もう少し時代がくだって、一三〇〇年代後半の京都建仁寺では正月はじめての説法を住職が中国語でおこなった記録が残っています。住職は中国へ留学した経験がありました。聴いていた僧の感想が日記にしるされています。いわく、「中国語で話していたので、聴くことも、おぼえることもできませんでした」。

留学帰りを吹聴するいやらしいエリートとも思えるし、中国語の禅話を日本語に翻訳できない力不足。なんて言ったら叱られるでしょうか。日本曹洞宗の開祖・道元禅師（一二〇〇～五三）も留学経験があり帰国後に説法するとき、中国の書物からの引用は、日本語ではなく中国語で発声した形跡が著作から読み取れるという。以上のエピソードは舘隆志《たちりゅうし》著『鎌倉期の禅林における中国語と日本語』（駒沢大学仏教学部論集45号2014年10月）から引きました。
きらきらと光っている人物がいて、それについていけない人間がいるのは今も昔も同じです。

知名度の低いわが創始者

道元禅師は二十四歳の時に、中国へ留学します（一二二三～二七）。当時の王朝は宋です。道元が宋に滞在中、日本では関東の鎌倉でひとりの女性が七十年になろうかという生涯を終えようとしていました。北条政子（一一五七～一二二五）です。夫の源頼朝亡きあと、尼将軍として君臨した強い女性の愛読書は、『貞観政要《じょうかんせいよう》』。これは、中国は唐王朝（六一八～九〇七）の第二代皇帝の言葉を集めたものです。徳川家康や明治天皇の座右の書だったといいます。

当然のことながら、『貞観政要』は中国の本ですから、漢字だけで書かれています。仮名は読めて書けても、漢字が使える女性というのは限られていました。たとえば、紫式部や清少納言とか。だから、北条政子は仮名交じりの文にしてもらって読んだらしい。これは「日本翻訳史の第一ページを飾る」とは、作家の山本七平著『帝王学・貞観政要の読み方』（日経ビジネス人文庫）の記述です。現代に生きていれば自動翻訳に飛びついたでしょう。

『貞観政要』によく知られた次のような問答があります。皇帝が問いかけます。

「創業と維持のどちらがむずかしいか（草創と守成いずれが難し）」。臣下のひとりが答えます。

「起業よりも、事業を維持するほうが困難です（守成は則ち難し）」。

頼朝が起こして政子が引きつぐのですから、守るしんどさは身に染みていたでしょう。だから、この一節を読んだ尼将軍は「そのとおり」、とにんまりしたかも。

さて、北条政子が没して五十余年後、信濃国で生誕したのが、わが妙心寺開山無相《むそう》大師・関《かん》山慧玄《ざんえげん》（一二七七～一三六〇）です。「無相」は明治天皇からたまわった諡（おくりな）で関山は道号（どうごう）、慧玄は諱（いみな）です。諡、道号、諱の説明は長くなって、しかもあまりおもしろくないから、機会を改めて。

妙心寺教団の創始者ですが、知名度は低いと思います。旧版の広辞苑には夢窓疎石（天龍寺開山）など臨済宗の主だった高僧方の項目はあっても、「関山慧玄」の見出しはなかった。

広辞苑に「関山慧玄」が登場するのは、第六版（二〇〇八年）からです。なぜなのか。考えられる原因のひとつは著作をのこさなかったこと。ふたつめには、中国への留学経験がないから、現代の歴史教科書でおなじみの栄西禅師、道元禅師ほど知られていない。知られてないから、読者にはなじみのない逸話をご紹介します。

七百年ほど昔、御所から離れて、京の都の西にある花園上皇（一二九七～一三四八）のお住まいをリノベーションして、寺院（妙心寺）とした関山禅師です。それさえも応仁の乱に連座して取りつぶされてしまう。創めるのも守るのも困難な歴史でした。

ある雨の日の逸話です。傷んだ居室が雨漏りします。

「師（筆者注＝関山慧玄）は器を持ってきて、雨漏りのする個所にあてるように人を呼んだ。ある小僧が急いで竹ざるを持ってきた。師はそれを大いに賞賛した。別の小僧は手桶を探して来た。師は罵って言った。この馬鹿者と」（妙心寺遠諱局編『関山慧玄禅師伝』春秋社）

雨漏りには笠が必要だろうか、それとも桶か。と対策を練った小僧さんよりも、瞬間に躍動した小僧さんを良しとしたわけです。雨をさける方法を問題にしているのではない。投げかけた言葉に即座に応じてみろ。言葉とひとつになってみろ、というのです。

このように、禅が日本にやってきた頃、禅寺では外国語が丁々発止と飛びかうと同時に、外国語ではなく、日常のできごとを自分のことばで語ろうとする祖師もいた。そう思うと単色ではなくて、いくえにも重なった祖師がたの姿が見えてこないですか。

4章 覚《さ》める

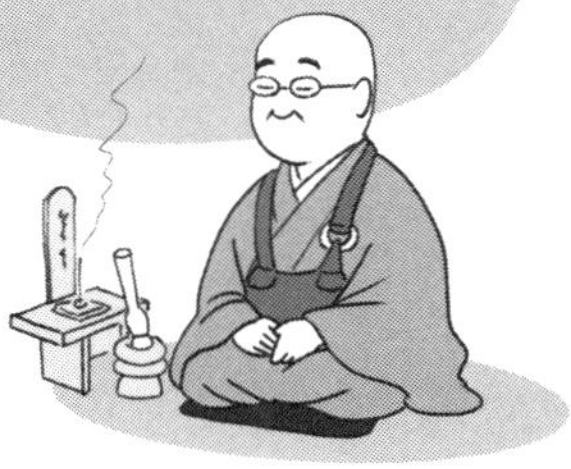

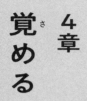

覚めるとは

ほんとうに信じられないことですが、むかーし、昔。昭和三十年代前半には、「今日も元気だ、たばこがうまい！」なんていう日本専売公社（現ＪＴ）のポスターがあったといいます。筆者はたばこを買わなくなって、ずいぶんと経つので、目覚めの一本がうまかったかどうか忘れてしまったけれど、気持ちのよい朝は、どうすれば迎えられるのでしょうか。そう書いて思い出すのは、詩人・萩原朔太郎の名句です。

「五月の朝の新緑と薫風は私の生活を貴族にする」

新緑と薫風で快適な目覚めが約束されたような気もするけれど、もしかして寝坊していたら。二日酔いだったら。どうも良い目覚めは環境が決めるのではなくて、やはり自己の内面によるのではないか。『坐禅儀』は次のように述べています。

「善悪というものを思慮しないことだ。もし意識が起こったら、すぐにこれを覚ませて、覚ませばすぐに意識はなくなってしまう。対象的な意識がなくなると、自然と一つのかたまりとなる」

たしかに、気持ち良いことも悪いことも、意識しないのが最上の境地であることはわかるのですが、……。どうすれば、そんな気分になれるのだろうか。

1 覚めるには順序がある

「人間は昨日の失敗を今日に生かし、なだらかであっても少しずつ右肩上がりに社会はよくなっていく。そう考えるようになりました」

——本郷和人『「失敗」の日本史』

彩りゆたかな世界から灰色の世界へ

失敗は今日に生かすことができる（かもしれないけれど）、過ぎていった「時」はもどってこない。そこで、ふたたびめぐってこない今を大事にしろ、と教える禅語を探すのは容易です。よく知られた警句でいえば、「一期一会」はどうですか。茶の湯の指南書『山上宗二記』に初出され、井伊直弼（一八一五〜六〇）が力説したというけれど、もっと古くからの言葉のように思われます。

あるいは「日日是好日《にちにちこれこうじつ》」はいかかですか。「毎日が素晴らしい」、なんてノーテンキでふぬけた解説がそえられることが多いけれど、「二度とない素晴らしい今日をどう生きるんだ」。そうした激しい問いかけが本来の意味です。

今はふたたびめぐってこない、という脅し文句のきわめつけは、「生死事大《しょうじじだい》、無常迅速《むじょうじんそく》、時不待人《ときひとをまたず》、慎莫放逸《つつしんでほういつなるなかれ》」という漢字十六文字でしょうか。現代語訳を西村惠信著『禅語に学ぶ生き方。死に方』（禅文化研究所）から拝借します。

「こうして生きていることは、只だ事ではない。それは無常という素早さの中にある。時間は人間が立ち止まることを許さない。どうして迂闊に毎日を送ることができようか」

なぜ究極の脅し文句かというと、この文字には音がついてくるのですね。どんな音かというと、禅の修行道場には木板《もくはん》という鳴らし物があります。木版とも書きます。その木板に「生死事大」の十六文字が書かれているのです。木板は「厚い板に槌を打ち付けて音を出す鳴物。作法などの合図に用いる。版。飯」（広辞苑）。横が五十センチくらい、縦四十センチほどの長方形で厚さが十センチもある木の塊です。かなりの重量があります。それを木の槌で腕をふりあげて、七回五回三回と連打したあとに打ち流していくと、カーンカーンと良い音が鳴ります。

原則として、朝は陽が昇りはじめて薄明かりの頃、夕方は陽が沈みきらない薄暮れの時分、そして晩の開枕《かいちん》（消灯時）に木板を打ちます。その木板には「無常迅速」の句が道場の師家《しけ》（指導者）によって筆と墨で黒々と書かれているのですから、打つ者へも、坐禅をして聞いている者にも、音とともに「時は待ってくれないぞ」、と迫ってきます。聴覚と視覚でせきたててくるのですから、効果抜群。ではあるのですが、快い音すぎて聞きほれてそれで終わり。な筆者でございました。

修行道場で一日に三回は打つ木板です。もっとも記憶に残っているのは、夏の日の夕方に響く木板の音でした。どう響くのか。筆者のようなぐうたらな雲水ではなくて、現在は静岡県奥山にある方広寺《ほうこうじ》の管長をされている、安永祖堂《やすながそどう》老師の文章を引いてみます。

一年を通じて、夕暮れの昏鐘《こんしょう》から開板（日没の点灯の合図）という時刻まで坐禅をくむのです。盛夏のいちばん長い時には、およそ二時間あまり身動きせずに坐り続けます。

坐禅堂の外では、陽射しが少しずつかげっていきます。彩りゆたかな世界から灰色の世界へと変わり、ついには黒一色の闇となります。（安永祖堂著『禅 ぜん ZEN』禅文化研究所）

色のない風景になり、修行僧の姿が黒いシルエットに変わったころ、木板が響きます。響く音に「生死事大、無常迅速」なんてことは思わずに、打ち終われば痛む足をのばせる。そう安堵するのは筆者のような愚鈍な修行僧で、こういった坐禅をむし風呂禅、と評した老師さまもおられます。うんうんと耐えて忍んだあとの爽快感だけでは、我慢大会だとおっしゃるのです。

練習してはダメなお坐り

坐禅が我慢大会ではなくて安楽な境地になるためにはどうすればよいのか。多くの禅僧が工夫して、書き残しているけれど現代のことばでそれを語っているのが、曹洞宗の藤田一照《いっしょう》師（一九五四〜）と臨済宗の佐々木奘堂《じょうどう》師（一九六六〜）です。

筆者は面識がなく、著作から人柄を想像するだけですが、おふたりとも普通の家庭に育ち大学の時に禅の世界に導かれて坐り方を深く考えます。どのくらい深く考えたかというと、佐々木師などは、「股関節を柔軟にしないと、ちゃんとした坐禅ができないことに気づき開脚して、状態を骨盤から曲げて前傾するというストレッチを毎日一生懸命やっていた時期がありました」。その結果、ギックリ腰になってしまう。試行錯誤の末、たどりついたのが、「ただ坐る」、

「ただ呼吸する」。「ただ」とは「作りごとではなくて、努力しなくても姿勢がよくなる」こと。
おふたりは、藤田一照著『現代坐禅講義』（佼成出版社）に対談が収録されているので、旧知の間柄のようです。どちらが先に気づいたかは不明ですが、両者が関心をよせるのは赤ちゃんのお坐りです。曹洞宗の藤田師は『現代坐禅講義』で次のように記しています。

〈赤ちゃんの作為のなさに注目してください。そこには「背中をまっすぐにしなくちゃ」「じっとしていなくちゃ」、「いい姿勢で坐っているところをママに見せてほめてもらおう」。そういう人間的な「力み」やわざとらしい「作りごと」が全くありません〉

そして、坐禅の手本として、赤ちゃんのお坐りの写真をいつも座右においておくべきではないか、と読者に推奨します。ただし、すべての赤ちゃんの姿が推しかというと条件がつきます。その条件について、臨済宗の佐々木師が〈赤ちゃんから学ぶ「端正な坐り（正身端坐《しょうしんたんざ》）」〉と題して、季刊『禅文化・267号・令和五年一月号』で詳しく述べていますし、講演でも話されています。ここでは、一般の読者は目にする機会がないであろう、住職が対象の研修会（臨済宗青年僧の会主催〈講座住職学〉令和四年十一月）での講演録から引用します。

「私（筆者注＝佐々木奘堂）は、赤ちゃんや幼児の姿勢を観察するのですが、二、三歳児になると、今の皆さんのように背中の丸くなった姿勢をしているのをよく見かけます（笑）。反対に、乳母車に乗っているような0歳児は、いつでも正身端坐しています」。「ところが先日、0歳児でも、最初のおすわりの段階で姿勢が悪くなってしまう子がいることを知りました。その原因は（この形をキープしろ）という仕方での（おすわり練習）です」

なぜ練習するかというと、母子健康手帳には「首がすわる」「言葉を話す」などのチェック項目があって、親はこれを気にしてしまう。成長には個人差があるにもかかわらず、「まだ、おすわりができない」と心配になり身体を引き起こすか、抱きあげておすわりポジションに持っていってしまう。成長の順序を守らないと、赤ちゃん本人が、お坐り過程を身につけたわけではないので、自分で物を取りに行かず、物を持ってこさせようと親を呼びつける「かまってちゃん」になってしまう。佐々木師は次のように警告します。「これは単に見た目の姿勢だけでなく、生きる姿勢にも大きな影響を与えます」、と。

さて、結論です。一生のうちで仏さまと同じ姿になれる瞬間があるのですが、手をくわえると失敗して泡のごとく消えてしまう。時は人を待ってくれません。とりかえすことのできない失敗もあるし、もどってこない時もあるからこわいけれど、それが妙なのかもしれません。

2 徹してみれば同じことばになる

「これまでのことは問題外として、これからのことを一言でいい表してみよ」
自ら代わって云く、「日日是好日」——雲門禅師

今でしょ！

ゆったりとした気分にしてくれる言葉や、はっと驚くような言葉に出会う時があります。良い言葉は本や映画、音楽などいろいろなところにあるのですが、暮らしの中で身近な人から珠玉の言葉を聞いた時はゾクゾクします。

そんなゾクゾクさせてくれる言葉が、仕事も生きてきた道も異なる人から、同じような文言

で発せられる時があります。徹してみれば、同じことばになるのです。

たとえばです。仕事をリタイアして悠々自適に暮らす、六十代後半の男性がいます。お壇家です。いろいろな趣味をもっています。カメラもかなりの腕前で、あちこちのコンテストに応募して賞金稼ぎをしているようです。ある日、お気に入りの写真をフレームに入れて、寺へ持ってきてくれました。他愛もない世間話をかわした中で、ふともらした言葉が忘れられません。

「カメラがデジタルになってから、写真に迫力がなくなりました」

どういうことかというと、ネガフィルムをカメラにつめこんで撮っていた時は、フィルムもそこそこの価格だし、現像代もかかる。そう思うと、シャッターを一度押すにも気力が満ちていた。それが、デジタルになって、薄っぺらなメモリーは何百枚も記憶してくれるし、削除するのも自在だから、気軽にバシャバシャ撮れます。それは便利で素晴らしいことにちがいないのですが、「二度と巡ってこない瞬間を、この一枚に焼きつけるという迫力がなくなった」と、いうのです。

カメラの名言を聞いた数日後、少しちがう環境の同じ言葉を聞きました。外科医として永年勤務し、今は退職してゴルフ三昧の毎日を過ごしている男性からです。筆者がからかうようにたずねました

「最近、どうですか。ゴルフの調子は」。外科医は浮かない表情でこたえました。

「だめだなぁー。勤めていた時は、次にコースへ出られるのは一か月先かもしれない。そう思うと、どの一打にも気合いが入った。それが今では、明日があるさ、と思うから締まりがなくなって」

同じような境遇の二人は、惰性に流されて何かを失ったことに自ら気がついています。失ったものはなんなのか。それは、「いつやるか、今でしょ」の「今」がなくなったのです。

「今でしょ」は、おなじみの林修先生のせりふです。2013年の流行語大賞を受賞しています。その二年前に亡くなった、アップル社の創業者・スティーブ・ジョブズは、毎朝鏡に映った自分にこう問いかけたといいます。

「もし今日が人生最後の日だとしたら、今日これからやろうとしていることを本当にしたいだろうか」（上野陽子著『スティーブ・ジョブズに学ぶ英語プレゼン』日経BP社）

このとおり昔も今も、そして身近にも、二度とない「今」の大事さを教えてくれる言葉や逸話はたくさんあるのです。

日日是好日

言葉や逸話がたくさんあるということは、そのように生きられる人はごくわずかしかいない。あるいは、実践するのは難しいということです。難しいから、「二度とない人生だから一輪の花にも無限の愛をそそいでゆこう」と坂村真民は詩にしました。

仏教詩人ばかりか、あの泉谷しげるも「二度とない人生だからと言って　みんなうまくは生きられない　寄り道だってしたくなるさ」（『二度とない人生だから』）と歌っています。

禅の語録にもあります。たびたび引用しますが、中国・宋の時代に編集された『碧巌録《へきがんろく》』には次のような問答があります。雲門《うんもん》和尚（八六四〜九四九）が修行僧に問いかけます。

「十五日までのことは問題外として、十五日からのことを一言でいい表してみよ（十五日以前は汝に問わず、十五日以後一句を道《い》い将《も》ち来たれ）」

だれも応えないので、雲門が自ら言いました。

「日日是好日《にちにちこれこうじつ》」

禅問答ときくと、「当事者以外にはわからない会話」と敬遠されてしまいます。でも、言葉が発せられた現場をたどってみれば、真意を解き明かすヒントがあるはずです。

この場合は、「十五日以後はどうするのだ」と尋ねています。十五日には諸説あるけれど、伝統的な解釈にしたがって、七月十五日のこととします。この日、九十日間続いた夏の修行期間が終わります。修行僧たちは集まって、布薩会《ふさつえ》をおこないます。布薩会とは、簡単に言ってしまえば反省会です。反省会といっても、「おまえのここが悪い」とか、「あの時、規則をやぶった」と、問いただして非難しあうわけではありません。

懺悔《さんげ》と戒律の文言を声に出してよみ、如来さまや菩薩さまのお名前を声を出して唱えます。この、声をだすというのが気持ちがよいのです。身体のなかにある邪悪なものが、声とともに体外にはきだされていきます。でも、声だけでは不十分です。身体も動かします。唱えるごとに、五体を地に投げふして、礼拝をし身体も清浄にするのです。

いつもだったら、ここで終わりになるのかもしれません。でも、その日は、お師匠さまの雲門禅師がひとこと加えました。

「明日からはどうするんだ」

誰も応えられないので、お師匠さまがみずから言いました。

「日日是好日」。

「日日是好日」は最もよく知られた禅語のひとつです。が、「毎日が良い日」なんて解釈したら、オチのない噺になってしまう。そんな、ノーテンキな説明ではなくて、過去でもなくて未来でもない、只今のこの時が特別なのだという、禅の重要なテーマです。

「マンネリズムのくりかえしを突き破る感激」と訳しているのは、『雪竇頌古《せっちょうじゅこ》』（筑摩書房「禅の語録」15）です。つまり、「毎日が新しい。やるなら、今でしょ」と励ました情景が想像できます。

ならば、いったい只今の今とはいつなんだ。『金剛経《こんごうきょう》』には次のような一節があります。

「過去の心はつかむことができない。現在といった瞬間に過去になってしまう。未来の心はまだ現れていない（過去心不可得《かこしんふかとく》、現在心不可得《げんざいしんふかとく》、未来心不可得《みらいしんふかとく》）」

こうなるとわけがわからなくなって、迷路に踏みこんでしまう。迷ったらどうするか。一晩寝て起きたら、良いアイデアが浮かぶかも。ハリウッドの映画俳優、ハンフリー・ボガート（一八九九〜一九五七）が『アフリカの女王』で口にしたせりふに、「明日できることは今日するな」があります。なまけ者には、都合のよい言葉ですが、先にご紹介したスティーブ・ジョブズの言葉と同じではないの。「今日するべきは、なんなのか」

徹底してみれば、みんな同じことを言っているのでしょうか。

3 鏡の中から

親の最期にも立ち会えないぐらい忙しい役者でよかった

――中村獅童

けさ秋や見入る鏡に親の顔

日常で、なにげなく沈黙するときって、いつでしょうか。いろいろあるけれど、鏡を見ることに集中しているとき。あの瞬間は、だいたいの人が沈黙しているのではないでしょうか。筆者の場合、黙って鏡を見るか、声を出すか。もともと、おのれの顔や身体を鏡であまり見ない。自惚れするほどの容姿ではないし、なるべくなら見たくない代物です。

見たくないと言いながら、歩いていてショウ・ウインドウに映る自分の影を見つけてしまったときなど、やはり気になります。まわりに誰もいないのを確認してからポーズをきめて、ちらっと見てしまうから、人間なんて何が本心なのかわかりません。

さて、この人は黙って、鏡をのぞいたのでしょうか。そして、すらっとこの詩句が声に出てきたのか。俳人・村上鬼城《きじょう》（一八六五〜一九三八）の句です。

けさ秋や見入る鏡に親の顔

今朝から、秋になるのですから、現代の暦でいえば八月上旬、立秋の日の驚きでしょうか。

筆者はこの句を、松原泰道師《たいどう》（一九〇七〜二〇〇九）から教わりました。泰道師は仏教書としては空前のベストセラーとなった『般若心経入門』（祥伝社）の著者です。新刊のご著書をいただく機会があって、本の見返しに、この句を墨書してくださいました。

本のタイトルは『父母恩重経《ぶもおんじゅうきょう》を読む』（佼成出版社）、句と本のタイトルの取り合わせが抜群です。仏教をやさしく語るための材料を、無数にもっておられたからできる技です。

ただし、泰道師の筆による句は、「初秋や見入る鏡に親の顔」です。今回、これを書くにつけて、『村上鬼城全集・第一巻』(あさお社)で調べたら、「けさ秋や」でした。でも、『鬼城俳句俳論集』(創元社)に寄せた高浜虚子の序では「今朝秋や」になっているから、推敲をかさねた結果「けさ秋や」に落ちついたので、泰道師が見たのは確かに、「初秋や」だったのかもしれません。

永年にわたり泰道師の短文を連載していた月刊誌の編集者によると、師の原稿で引用文などを校閲したことはなかったという。なぜなら、引用のルールをきちんと守る方だったから。

引用のルールもまた、鏡の心です。平らで澄んだ鏡が姿を映す時、足すことも引くこともしないのと同じように、元の文をそのまま書き写すのが引用です。都合の良いように改ざんしてはいけない。改ざんなどとは縁遠い泰道師だったから、「初秋や」の出所をご本人に直接聞いて確認してみたい。

しかし、残念ながら平成二十一年に百一歳で遷化されています。遷化《せんげ》とは、教化《きょうけ》の場所を他界に遷すことで、高僧の死去をさす言葉です。そこで、泰道師は最晩年に、このようにおっしゃっていました。

「私が死んでも墓参りは不要です。お墓の下にはおりません。あの世でも説法で忙しいので」。

しかも、その説法の場は地獄に限るという。なぜか。

「地獄でなければ、あなたに会えないではないか」

洒脱な方でしたが、まれに鋭い眼光を向けられる時があって、あれはこわかった。

灯火に爪を剪らず

話を村上鬼城の鏡の句にもどします。立秋の朝、俳人が見た自分の顔は、前に見た自分の顔とそれほど変化はないはずです。だが、その朝の顔には以前とはことなり、親の顔がひそんでいた。何が変わったのか。夏が秋にうつる季節の変わり目が、機縁になったと思いませんか。機縁とは普段だったら流れていってしまう時間が止まって、いつもとはちがった風景が見えることでしょう。予測をとびこえて、突然におきるから驚きます。ずうっとたまったものが何かのきざしにより、はじけた瞬間です。これを、仏教は「時節因縁《じせついんねん》」というのでしょうか。さて、筆者が見つけた、鏡の中の「時節因縁」を書きます。

平成十九年の師走でした。師父が八十六歳で遷化しました。高僧ではないけれど、遷化という言葉をつかわせていただきます。亡くなったのは、暮れも押しつまった十二月二十六日でした。すでに、正月支度の調った床の間の掛け軸を、あわてて葬儀にふさわしいものに変え、必要最低限の人だけに訃報をおくり、密葬を終えたのは歳晩二十九日でした。

余談ですが、最近よく「近親者にて密葬をすませました」なんていう、挨拶状をいただきます。密の字には、「かくす」という意味がありますが、「私的」という意味もあります。私的な密葬に対をなす言葉は、公的な「本葬」です。密葬だけで済ませるのは、言葉本来の意味からすればあやまりです。密葬をおこなったら、本葬をしなくてはなりません。禅僧の場合は、本葬のことを津送《しんそう》といいます。

あの年の暮れは、突然の師父の死に振りまわされ、年が明けても津送の支度におわれて、せわしい毎日でした。ちょうど小正月のころだったでしょうか。夜、就寝前に歯をみがきながら、鏡を見ました。津送までは頭の毛も剃らず、ひげも剃らないという禅宗独自の風習があります。由来は諸説あるし、そんなむさ苦しいことを嫌う方もいます。でも、もの心ついたころから、のばしたことのない頭髪だから、この際、一か月ほどかみそりをあてるのをやめようと決心していたのです。その夜、だいぶのびてきたひげに手をやりました。鏡に映るわが顔はひげものびてきたけれど、爪ものびています。爪くらいはきってもよいだろうと思い、はさみを探して、刃を指さきに近づけた瞬間でした。

「夜、爪をきると親の死に目にあえない」という俗信が頭に浮かびました。「暗いなかで、爪をきるとケガをするぞ」。つまり「油断するな」という警告です。白隠禅師の『息耕録開筵普説《そっこうろくかいえんふせつ》』では、お師匠さんの正受老人からのいましめとして、「灯火に爪を剪らず」という一節がでてきますから、由緒ある俗信なのです。

夜爪の俗信を思いだした次の一瞬、別の思いがわいてきました。

「ばかだなぁー、おれにはもう死に目にあえる両親がいないではないか」

母親は、その四年前に亡くなっています。両親の死を頭では理解していても、全身で体感していなかったのです。愚かな禅坊主です。どこからか、母親の声が聞こえてきます。

「父さん母さんがいなくなっても、おまえ、しっかり生きていけるか」

その時、わかりました。死を身体ぜんぶで受けとめないと、「しっかり生きていく」という次の一歩がでてこないのだ、と。それは、暮れも正月もなく、ひげをそるのもやめた毎日を過ごしたから体感できたのではあるまいか。

両親の晩年には、そう深い会話もかわさなかったけれど、最後に一発もらいました。冒頭で紹介した俳人が、立秋の朝に見た鏡の感激にも似た体験ですが、筆者には詩心がないので、こうして長々と文字をかさねなければ思いが伝わらないのは、残念。

4 達磨はなぜ東へ行ったのか

映画の中に仏教を生かし、
仏教の中に映画を生かしたい――松林宗惠

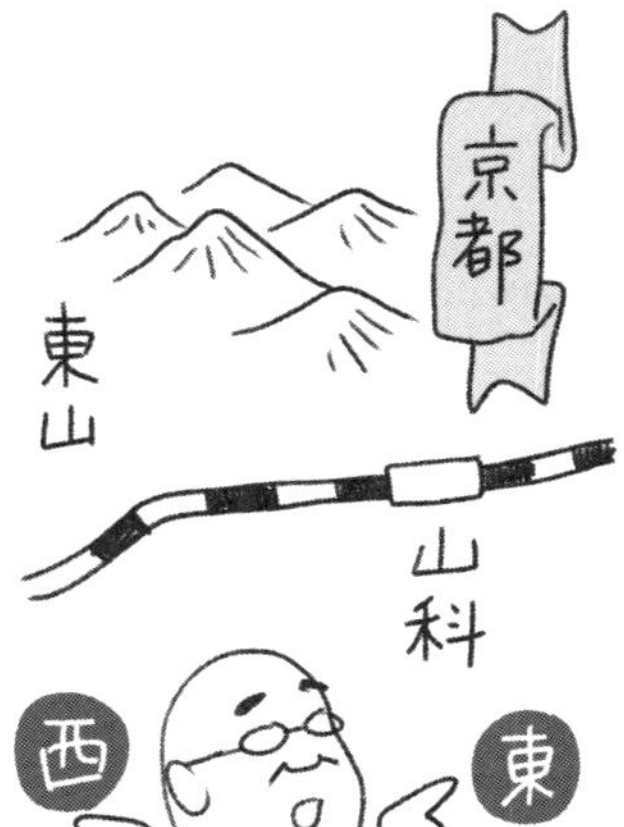

日が昇る山が日が沈む山になる

「世界のまん中に自分はいる」。そう、思っていませんか。「いやいや、めっそうもない。もっと謙虚に生きてます」。なんて言っても、あなたが東だと信じている方角は、他者にとっては西かもしれない。西だと疑わない方角は、東かもしれない。ややこしい書き出しになったので、こんな逸話はいかが。

建築史家の井上章一氏の著書に『京都ぎらい』（朝日新書）があります。千年の都を礼讃する書物を探すのは容易ですが、正々堂々と悪口を述べた本となると少ないのでは。希少価値の『京都ぎらい』に次のようなエピソードが記されています。

京都中心部にある老舗の令嬢に縁談がもちこまれます。お相手は山科に住んでます。山科というのは東京から行くと、京都洛中へ入る東山トンネルの直前で、大石内蔵助が討ち入りまで隠れ住んだところでもあります。今では京都市山科区です。ご令嬢、いわく。

「山科なんかいったら、東山が西の方に見えてしまうやないの」

土地勘がないと、わかりにくいのですが、洛中からは東に見える山も、ひとやま越えて山科へ着いてしまえば、西になります。日が昇る山が、日が沈む山になってしまうのです。

謎解き

このように、東が西になり西が東になるというのに、どうしても自分を中心に物を見てしまう我われです。

中心といえば、現代日本の中心は東京なので、東京発のニュースが多いから、ご気分をそこねている御仁もおられるでしょうか。そうした方には耳障りな話題ですが、東京神田に岩波ホールという映画館がありました。大きくはないビルの十階にあった座席数二百余りのミニシアターです。残念ながら、令和四年七月で閉館しました。「地味で野心的な映画」を上映するホールだったという。そんなところだから、映画通でもない私は一度しか行ったことがありませんでした。平成三年の夏に、『達磨はなぜ東へ行ったのか』という、韓国映画をみにいきました。韓国語の映画で監督も韓国人だから、日本語の字幕がついていました。

客席には著名な仏教学者・中村元博士が座っておられて、岩波ホールの総支配人として知られた高野悦子女史が席まで挨拶に来られていたのをおぼえています。文化勲章受章の大学者と、マスコミにたびたび登場した映画人の姿も見える。まことに華やかな空間ではあったのですが、スクリーンに映しだされるのは、美しいけれども暗い情景ばかり。二時間十七分の上映時間内に笑いはまったくない。そんな映画を音楽以外のすべて、監督・脚本・製作・撮影・編集したのは、ペ・ヨンギュン（一九五一〜）さんです。美術大学の教師で、撮った作品といえば、この一本しかなさそう。特異な経歴の持ち主の映画が、一九八九年ロカルノ国際映画祭グランプリをとってしまう。韓国国内でもひとつの映画館でしか上映されなかったようですが、十五万人の観客を動員します。

とはいえ、山ふかい小さな禅寺に暮らす年老いた禅の師と出家したばかりの若い僧、そしてみなしごの小僧さんの生活を、せりふも少なくストーリーらしきものもないうえに、いくつかの禅の公案をぬきだしてえがいた作品は難解です。

記憶力の良い筆者といえども（最近の物忘れのひどさに困惑しているのが真実）、平成のはじめ頃の記憶などすっ飛んでいるので、正規版ＶＨＳと岩波ホール発行のパンフレットに加えて、『キネマ旬報』や『群像』といった雑誌に掲載された批評を手に入れて再見再読しました。パンフや批評のタイトルを並べてみれば、映画の気分が伝わってくるかも。いわく、「哲学を語る映像」「不立文字の世界」「静かな問い」「西洋は物語り、東洋は瞑想する」「引き算の美学と禅の哲学」などなど。気分は伝わってきても、難解な映像の言葉やしぐさの意味は不明です。そんな時に思い出したのが今は亡き松原哲明師（一九三九～二〇一〇）が、月刊『大法輪』誌に執筆した文章です。たしか、岩波ホールで映画を見たあとに読んだ記憶があります。

でも三十年以上前の月刊誌は手もとに残っていません。国会図書館へ行って、『大法輪』誌をかたっぱしから調べました。ありました、平成三年八月号の１７６頁から１８１頁にある『「達磨はなぜ東へ行ったのか」を見て』の一文です。この評論は次のように書きはじめられています。

「数多くの禅の公案が画面のいたる所で複雑に交錯し、オヤッ？　と思うようなショットがいくつかのポイントとしてきちっとおさえられ、それをひとつひとつ理解して行くことにより、ペ・ヨンギュン監督が、この映画を通して一体何がいいたいのかをラストシーンでつかめるようになっている」

そう書いて、松原師は映像中の動きや言葉の意味を禅の書物と照らし合わせて解明していきます。この映画はペ・ヨンギュン監督が映画を見る者へ謎かけをしている映画です。映像のシーンの出どころ、つまり出典となる禅の公案や経典を明らかにしないと、映画が伝えようとしているものがなんなのかわからない。そうだというのに他の批評は、哲学や瞑想でかたづけてしまっているので、「美しい自然とのふれあいの尊さを知った」。それだけで終わっている。

哲明師は仏教書としては空前のベストセラーを記録した『般若心経入門』の著者・松原泰道師のご子息で、ご自身も生前百冊以上の著書を執筆し、多いときには年間二百もの講演法話をこなしながら、突然に七十歳で遷化《せんげ》（逝去）されてしまいます。数多い仕事のなかで、この映画批評は短くて月刊誌への寄稿だけど、師にしか書けない秀作だと思うのです。月刊『大法輪』誌もすでに休刊しているからバックナンバーを手に入れるのは困難な状況です。国会図書館へコピーを依頼するくらいしか読む機会はないけれど、必読の文章です。

さて、松原師の謎解きにはかなわないけれど、どなたも書いていないようなので、『達磨はなぜ東へ行ったのか』のタイトルの謎を、筆者が解いてみましょうか。

禅の大きなテーマに「達磨はなぜ西からやって来た（祖師西来意《そしせいらいい》）」があります。達磨大師（？〜四九五）は実在した祖師で、南インド出身とも、イラン出身ともいわれます。碧い眼の渡来僧で禅宗の始祖です。その大師が「なぜ西からやって来たのか」という疑問は、「禅とはいったいなんなんだ」。「私は何者なのだ」という問いかけにほかならない。

なのに、この映画は「なぜ東へ行ったのか」と、問いかける。古代中国人からすれば、西から来た碧眼の僧だけど、達磨大師ご自身は、インドから東方へ向かったのです。西が東になり、東が西になるから、四角い頭を丸ーく。達磨大師といえば、面壁九年の修行が有名だけど、堅固な志で柔らかな発想を。そうぺ・ヨンギュン監督は言っているのではないだろうか。

だから、この文章の冒頭でご紹介した、京都洛中にあるという老舗の令嬢も、東は西になり西が東になる。そんな柔軟な思いで縁談を受け入れればよいのに。

5 一文字が語る

「人は迷うと、仏性をこりかためて心とするが、悟ると心がとけて仏性となるのだ」

——柳田聖山訳『祖堂集』

今年の一文字

京都で知名度が高い寺のひとつに清水寺があります。清水寺と聞いて、当節のおおかたの人が共有するのは、年末に本堂の舞台上で太い筆を手にした貫主さまが、一気に書きあげる漢字一文字の映像ではないでしょうか。平成七年の「震」の字からはじまり、年中行事になりました。一文字で一年三百六十五日を語れるのは、貫主さまがご自著、『こころの水』（角川マガジンズ）で述べられているように、「漢字は複合体。それによって一文字に広い意味を持たせている」からです。

年末恒例となったシーンの、主役である現貫主さまは森清範《せいはん》師です。筆者は面識などないのですが、清範師と臨済宗は浅からぬ縁があります。まず、森師は臨済宗の宗門大学である花園大学出身です。そして、禅の修行道場である圓福《えんぷく》僧堂で雲水《うんすい》（修行僧）生活をされています。圓福僧堂は京都府八幡市にある妙心寺派の専門道場です。これって他流試合と申しますか、異業種交流と申しますか、あまり例のないことでしょうか。

なぜなら、清水寺の仏教的立場は北法相宗です。奈良の薬師寺や興福寺は法相宗です。両宗派の中心となる教えは唯識《ゆいしき》です。竹村牧男著『禅と唯識』（大法輪閣）には、「インド大乗の壮大・精緻な論理を伝える唯識」とあります。ならば、禅はというと竹村氏によれば、「中国で育まれた体験の仏教」だという。

論理と体験ですから、仏教の両極端です。あまりにちがいすぎることを学んでも、即戦力にはならない。すぐには役立たないものに青春のかなりの年数を費やすのは、並大抵ではありません。もっとも、人生の青い季節だからこそできる経験かもしれませんが。どなたかがおっしゃった、「すぐに役に立つことは、すぐに役に立たなくなる」という至言を思い出します。

森清範師のお師匠さまは、百九歳の長寿をまっとうされた清水寺前貫主大西良慶師です。おふたりの間で大学や、禅の修行道場への掛搭《かとう》（入門）など、どんな会話がかわされたのか。興味ある師弟の交わりです。

わが解体

筆者などはお会いする機会がない清水寺貫主さまですが、ご著書に載っている略歴から拝察すると、昭和四十年代前半には、臨済宗での修行をひとまず終えて清水に帰られたようです。あたかも、七十年安保闘争を前にして全国の大学に嵐が吹きはじめた季節でしょうか。

清水寺から東大路通りをまっすぐ四キロほど北上すると、京都大学がみえます。昭和四十四年（一九六九）二月、大学のシンボルである時計台が学生によって封鎖されます。当時、京大文学部助教授で後に作家となる高橋和巳（一九三一〜七一）が自著『わが解体』（河出文庫）で、同時期に紛争のただ中にあった立命館大学の状況を描いています。紛争の全期間中、夜十一時まで煌々と電気がついていた室があったといいます。中国学のS教授の研究室です。団交で疲れたあとも、学生に鉄パイプで殴られた翌日も変化はなかった。『わが解体』は教授の人柄をこう表現します。

「その教授はもともと多弁の人ではなく、また学生達の諸党派のどれかに共感的な人でもない。しかし、その教授が団交に出席すれば、一瞬、雰囲気が変わるという。無言の、しかし確かに存在する学問の威厳を感じてしまうからだ」

S教授とは、白川静（一九一〇〜二〇〇六）氏のことです。白川漢字学の集大成である漢和辞典『字通』は、二百字詰原稿用紙で四万枚だというから、いっときも休む時間はなかったのでしょう。夜遅く研究室から自宅へ帰っても、トレース紙に写した甲骨文を一文字ずつ出典を添えてカードに書き入れる毎日だったとか。甲骨文は中国最古の文字資料です。そんな日課を、紛争に参加した学生も妨げようとはしなかった。

さて、ここで、京都市内の地図を頭にうかべてみましょうか。東西南北に規則正しく引かれた都大路の東端に、清水寺と京都大学はあります。立命館大学はその当時は御所から近い広小路に学舎がありました。そこから西へ四キロほど行くと、森清範師の母校、花園大学の旧校地がありました。おそれおおいのですが、筆者も貫主さまから遅れること十数年後の同窓です。花園大学も昭和四十四年九月から、学生と教授会の七十日間にわたる団交を経験しました（『花園大学三十年のあゆみ』非売品）。バリケードに囲まれた一室で立命館の白川教授と同様に、団交後も研究室にこもる学究がおられました。柳田聖山《せいざん》（一九二二〜二〇〇六）教授です。教授は二十世紀初頭に発見され、第二次世界大戦後になって全貌をあらわした幻の禅の古典、『祖堂集《そどうしゅう》』の索引作成のために、二十万枚のカードをつくりあげていました。カードは椅子や机をかさねて封鎖された学内にあります。その有りさまが、次のようにつづられています。引用は『祖堂集索引・下冊』（京都大学人文科学研究所）の「祖堂集とわたくし」からです。

「象牙の塔に甘んずるものへの、学生たちの厳しい非難が、わたくしの胸を内側より突く。かつて、戦中戦後の不安の時期に、漸くにして学問になじんだ経験をもつわたくしには、今なおそうした根底的な懐疑と、基礎研究への不信が残っていて、学生たちの指弾を完全に退け得ぬ弱点がある。（途中略）わたくしはすこぶる複雑な気持で、カードの棚のある研究室に、幾晩もつづけて泊まり込んだ。カードと心中の決意である」

柳田先生の「わが解体」です。筆者が「祖堂集とわたくし」を読んで思い出したのは、沢木耕太郎著『若き実力者たち』（文藝春秋）でした。昭和四十八年初版の著作で、当時の学生運動のシンボルであった秋田明大《あけひろ》をルポしています。沢木耕太郎は秋田明大が獄中から発表した、「日大から去っていくすべての学友へ。屈辱感、挫折感を持って日大から去っていかないでほしい」とはじまる書簡を、「純粋戦後派の書いた最も美しい文章」と賞賛します。

大学の嵐の季節で、学生側の代表的な文章が全共闘副議長のものならば、柳田先生のこの文は、学生から指弾された側として書かれた、最も美しい文章ではないか。『祖堂集索引』は国会図書館デジタルコレクションで公開されていますし、『続・純禅の時代　祖堂集ものがたり』（禅文化研究所）に、エピローグとして「祖堂集とわたくし」の全文が転載されています。

そして、屈辱感と挫折感を抱いたのは学生ばかりではありませんでした。バリケードのなかからひそかにカードを自宅へ移動させた教授は、「今度は一種の虚脱が身心をおそって、しばらくはもう何もする気になれない」状態におちいります。その後、花園大学から京都大学へ招かれ、『祖堂集索引』は国費によって出版されたのでした。

索引は、どこから手をつけてよいかわからない難解な本を解体してくれます。ばらばらにしてみれば、重くて背負うこともできなかった巨体が軽くなります。軽くなれば、トレンドも見えてくるし、他の書物との共通部品も探しやすくなる。ましてや、漢字は一文字一文字に固有の意味や歴史をもっているから、一字でも輝きます。光ってまぶしいから、学生に封鎖された結界の闇のなかで一字を追いかけた学究がおられたし、師走には漢字一文字が清水の舞台でおどるのでしょう。ひとつの漢字は、たくさんのことを語ってくれます。

6 過去を消して沈黙した人

「青春は誰にとっても謎の空白時代である」――立花 隆

ポクポクと木魚をうって幾星霜

寺には木魚があります。お経をよむときに、ポクポクとやります。なぜ、ポクポクするかというと、大勢でお経をよむときに、声を合わせる打楽器が必要なわけです。でも、ひとりでよむときも使いますから、声を合わせるだけの道具ではなさそうです。

毎日、ポクポクとやりながら、浅学な筆者は、木魚の起源を知らない。起源は知らないけれど、なまけ者には便利な世の中になりました、仏教経典の大全集『大正新脩大蔵経《たいしょうしんしゅうだいぞうきょう》』にデジタルの息吹があたえられ、インターネット上で公開されています。経文がデータになったので、検索がメチャクチャ簡単になりました。

たとえば、「木魚」を検索すると、何千巻もの経典の何万字もの漢字の中から、十三の経典に記述がある、と瞬時に探し出してくれます。

検索結果をながめると、インド生まれの経典には木魚の記述はなく、中国の禅宗関係の書物に多く記されているのがわかります。木魚は中国生まれで、禅宗で育ったものらしい。玄侑宗久編『禅寺モノ語り』(春秋社)によれば、「丸型木魚が日本に伝わったのは、承応年間(一六五二〜五五)のことで、中国から渡来した黄檗《おうばく》宗の僧たちによって持ち込まれた」という。

ところで、木魚と呼ばれるけれど、なんの魚をかたどっているのか。小さい木魚では、鮮明に描かれていませんが、寺にあるような大きな木魚を見てください。見るといっても普通に見るのではなく、さかさまから見ます。そうすると、二匹の竜が寶珠《ほうじゅ》をがぶりとくわえている姿が多いのです。竜なのに、なぜ木魚というのか。

竜はもとから竜だったわけではなく、前身は鯉です。鯉はゆるやかな流れでは悠々と泳ぎながらも、流れが急になり滝が行く手をはばんでも、いきおいよくさかのぼります。鯉の滝登りです。「鯉の滝登り」を広辞苑で引けば、「黄河中流の竜門の急流を登った鯉は竜になるという伝説から、立身出世のたとえ。登竜門」と、あります。つまり、木魚は鯉が上流を目指すように、どんなに修行がきびしくても、悟りに向かって「行かねばならぬ」とポクポクとうつ僕。あるいは、亡き人のために経をよむときは、「仏の弟子として戒名をもらったのだから、鯉が偉大な竜になるように、いっしょに仏に成りましょう」との願いでうつわけです。

木魚をうつのは、案外と難しいのです。ひとりで、ポクポクとやっているときは、どうにでもなるのですが、何十人もが同時におなじお経をよみ、一糸乱れず、あたかもひとりがよんでいるように合わせるとなると木魚の役目は重要です。

上手な僧がうつと見事に何十人もの声が合うのですが、下手なのがやるとてんでんバラバラになってしまう。上手と下手との差は、ちょっとした「間」のちがいなのでしょうが、その「間」がわからない。「間は、魔だ」とどなたかがおっしゃったけれど、言うに言われぬ間です。

ロンドン仕込みの法鼓は空白が生んだ

そもそも禅は、無用な音を嫌います。必要最小限な音だけを残すために、言葉で指示するのではなく、道具で音を響かせて、意思を通わせます。

食事ができたからといって、「おーい、メシ」と大声で叫んだのでは体育会の合宿みたいだから、雲版《うんぱん》をうちます。雲版は銅や鉄で雲形につくられたドラのようなものです。

あるいは、儀式をはじめるから「集まれー」とは言いません。大きな太鼓を響かせます。太鼓は、法鼓《ほっく》とよびます。面をうつ以外にも、角をうったり、木製の胴に太鼓の皮をはりつける鈸《びょう》にバチをあてて雷鳴のように響かせたりと、いくつかの組み合わせで、誰がいつ、どういう順番で出頭するかまでを音だけで差配します。

打ち方の楽譜はというと、○△▲だけの簡単なものはあります。もちろん簡単な符合では、間の取り方や緩急などのくわしいことはわかりません。わからないから、他の僧の打ち方を盗み聞きして覚えるのが、上達への早道でしょうか。

ある日のことでした。筆者が修行道場の行事に、出頭した時です。法鼓が響きます。バチを手にしているのは、二十代の小柄な修行僧（雲水）です。鳴りはじめてすぐに気がつきました。他の者の音色と、どこかがちがいます。なんとも言えぬ間が心地良いのです。法鼓をうっている雲水の名はもちろん、素性など知るよしもありません。近くにいた別の雲水に聞きました。

「いい法鼓だね」

すでに五年以上も修行を続けている、重役の雲水がにやりとしてこたえました。

「ロンドンでドラムをやっていたらしいです」

その言葉ですべてが氷解しました。寺で育ったものの、いろいろな職やさまざまな土地を遍歴して、やっと道場にたどりつく若者がときたまいます。人生の間です。間は他人からすれば、空白に見えてしまう。でも、寄り道した青春の空白が、思いもしないところで役に立つのですから、それもいいではないですか。もっとも、本人は寺の本堂で法鼓をうつのに役立つかと、ドラムをたたいていたわけではないでしょうが。

さて、話を転じます。青春の空白といえば、江戸時代の禅僧・良寛にもあった空白期間を、意外な空想で埋めようとするのは、禅思想史研究の柳田聖山《せいざん》氏です。

良寛は一七五八年（宝暦元年）に越後出雲崎の名主の長子として生まれます。縁あって出家し、二十二歳で備中玉島の円通寺へ入門して、大忍国仙《だいにんこくせん》について修行します。

良寛三十四歳の時、国仙和尚は亡くなります。師匠の後継問題などから良寛は円通寺を離れ、三十九歳頃に越後へ帰る六〜七年ほどの消息が、どこへ行って何をしていたのかわからない。良寛の空白期間です。

柳田先生はその間に、良寛は中国へ渡っていたという仮説を、自著『良寛』（ＮＨＫ出版）でくりひろげます。根拠として、良寛は後年いずれの宗門にも近よらず、住居も越後を転々とします。これは、鎖国令のなか国禁を破って渡航したので、七年間の足跡を自ら消して沈黙したのではないか。

そして、円通寺を離れて以後、良寛の漢詩に中国の匂いがただよう。また、円通寺は中国から渡来した長崎の明朝僧とも関係があった、と柳田先生は指摘します。

現代人が目にする丸形の木魚は江戸時代初期に、中国からもたらされたと先に書きました。ここからは、筆者の想像ですが、木魚が伝来して約百年後に良寛は生まれているけれど、越後の寺には、丸形の木魚に合わせて大勢でお経をよむ法儀は、なかったのではないか。でも、明朝僧とも交流していた僧堂には木魚の音が響いていた。はじめて出会った魅惑の楽器には、禅の祖国の香りがした。その香りに誘われて、良寛は大罪を犯して海をわたった……。

ロンドンでドラムをうっていたあの雲水のように、あるいは良寛のように、「間」が人を育てます。しかし、空白のあとに濃密な時間があるから空白なのであって、筆者の日記や予定表のように、ほとんどが真っ白なのは空白とはいわない。空虚というのだろう。

徹底していちずに生きる者だけに、ゆったりとした空白は生まれるのでしょうか。

7 自分さがしの旅なんて

一つの場所から他の場所へ移ってみたところで、自分からぬけだせるものじゃない

――ヘミングウェイ『日はまた昇る』

山手線一周のすてきな旅

もう、ずいぶんと前になるけれど、永六輔（一九三三～二〇一六）さんが、ラジオ番組で次のような話をしたのをおぼえています。

「遠くへ行くことだけが、旅ではありません。たとえば、東京だったら山手線のどこかの駅で、子どもをひとりで電車に乗せる。おとうさんは、ホームでさよならと手をふって見送る。山手線だからひとまわりして、その駅の同じホームの同じ場所へもどってくる。おとうさんは

手をふって、おかえりと迎える。一時間ちょっとだけど、これもすてきな旅じゃない！」

録音はおろかメモもないし、あやふやな記憶だけがたよりで、まちがえているかもしれない。そのうえ、永さんの数多い著作の中で、きちんと文字でのこっていたらごめんなさい。けれども、これはまちがいなくすてきな旅にちがいありません。旅の情景を想像してみましょうか。

ラジオで聞いたのは、ずいぶんと昔だから、子どもはゲーム機なんてもっていない時代です。やることといったら、車窓から風景をみるくらい。ひとりでながめる都会の風景にあきはしないでしょう。でも、不安もよぎります。はたして父さんは、きちんとあのホームでまっていてくれるだろうか。楽しみと不安が、良い旅をつくる条件です。

このように、永六輔さんは安上がりで出発地が目的地の「山手線一周子どもひとり旅」を提案しました。しかし、「知らない街を歩いてみたい」と歌いだす『遠くへ行きたい』を作詞したのも永さんです。つじつまが合いません。だいたい「旅」という文字自体が、矛盾した生い立ちをもっているのです。

ところで、仏教の経典には、旅という言葉がでてきません。もう少し詳しく書くと、中村元著『広説佛教語大辞典』（東京書籍）には「旅」の項目がありません。『望月佛教大辞典』（世界聖典刊行協會）にも「旅」はありません。『禅学大辞典』（大修館書店）にも「旅」はありませんでした。

「有る」ことを、明らかにするのは簡単です。ひとつでも見つければ、「有る」わけです。でも、「無い」と言い切るのはそれほど簡単ではありません。どこか隅の方にこそっと隠れているかもしれないのだから。しかし、仏教と禅の代表的な辞典で調べて無いのだから、たぶん「旅」ということばに、経典や語録でお目にかかることはないのでしょう。なぜなのか。

「旅」ということばの素性を、毎度お世話になっている白川静著『字統』(平凡社)で引いてみると、「旗を掲げて、多くの人が他に出行する意。それで軍行の集団となり、旅行の意となる」と、あります。

ここからは筆者の想像ですが、「旅」はもとはといえば、軍旗をかかげての行軍の意味だから、平和主義の仏教にはふさわしくない。そこで、経典を古代インド語から漢字へ翻訳した訳経僧らは、「旅」ではなくて、「遊行《ゆぎょう》」とか「行脚《あんぎゃ》」という言葉を採用したのではないでしょうか。今の陸上自衛隊でも、部隊編成の単位として「旅団」ということばを使っているようですから、現役の軍事用語なのです。

生いたちが軍事用語だというのに、「悠久の旅、六泊七日」とか、「まだ間に合う夏の旅」なんていうキャッチフレーズがあふれている現代です。言葉のもとの意味を探りもせずに、「旅」

に憧れるわけです。広辞苑は「憧れる」の項で、「さまよい出る」と説明しています。さまよった結果、だいたいは思いが破れて、しょぼしょぼと夕暮れの街をもとの場所にもどってくるのは、多くの人が共有する思い出でしょうか。だから、「ちょっと気分転換に」どこかへ出かけても、なんの解決にもならないのです。アーネスト・ヘミングウェイの『日はまた昇る』（新潮文庫）にも、次の一節があります。

第一次世界大戦で傷ついた小説の主人公、ジェイク・バーンズの台詞です。

「どこの国だって、映画で見るのと同じようなもんさ」

そして、こう続けます。

「一つの場所から他の場所へ移ってみたところで、自分からぬけだせるものじゃない」と、うそぶいてみたものの、主人公・ジェイクは、この後、パリからスペイン北部へマス釣りの旅に出かけるのですから、旅自体を否定しているのではなく、変わることを目的に旅に出ても何も変わらない、と言っているのでしょう。

自分探しの旅なんて

どこへ移動しても変わらないというのに、いつの頃からでしょうか。「自分探しの旅」なんていうフレーズが流行っています。今の自分しかないのに、過去の自分を追いかけるのは未練だし、未来の自分を探すのはむだだと思う。それは、「今のは本当の自分ではなくて、もっと輝いた自分がどこかにあった、あるいはこれからあるはずだ」と、現実から逃げているようなもの。歌人の俵万智さんは、こんな歌をよみました。

秋の陽に淡く満たされた野菊らは自分探しの旅を思わず

歌集『風が笑えば』（中央公論新社）に収められています。作者自身が歌の背景を、次のようにつづっています。「野菊は野菊であることに、疑問を抱いたりしない。野菊は野菊であるがままで、美しい。その完結した潔さに、心が惹かれた」。

そして、こう言い切ります。

「今の自分を肯定できたなら、実は遠くに自分を探しにいく必要は、ないのかもしれない」。

世の中の名言格言至言は、旅の賛歌ばかりかと思っていましたが、「旅へ出てもなにも変わらない」という少しばかり興ざめな台詞も、予想外に多いのに驚かされます。

中国は唐代中期の臨済《りんざい》義玄《ぎげん》禅師（?〜八六七）の言行録、『臨済録』にも、次の一節があります。

「いま目の前にれっきとして立って説法を聞いている諸君、その人物はもともと無礙自在で、しかもどこに居ても変わることはないのだ（即今目前孤明歴歴地に聴く者、此の人は処処に滞らず、十方に通貫し、三界に自在なり）」

漢文の読み下しと現代語訳は『沖本克己仏教学論集第三巻』（山喜房）から拝借しましたが、どこにいても変わることはないのですから、どこへ行く必要もない。という屈曲した物言いは禅者らしい。そういえば、禅者ばかりか渡辺和子シスターもおっしゃっていましたね。

「置かれた場所で咲きなさい」、と。

みなさん似たような言葉を語ってはいるのですが、口にしているご本人の足跡をしらべると、どなたも結構な長距離を移動して、旅しているんですよ。旅には、矛盾と肯定と否定が同居し、わけがわからない。まるで、生き方と同じよう。やはり、休みを作って「知らない街を歩いて」みたいのだが。

8 北国街道の造り酒屋にて

「藪入りや泪先立人の親」――小林一茶

面会謝絶の看板

初夏でした。長野県北部の国道18号線を車で南下していました。国道18号と聞くと味気ないけれど、北国街道といえば、なにやら旅愁をおぼえます。道ぞいには、「小林一茶のふるさと」という看板が目につきます。そこで、「一茶記念館」に立ち寄るかというと、立ち寄らない。早朝に寺を出て、長野市内と信濃町で用事を済ませたから、早くもどらねば。だからといって、まっすぐに帰るのもつまらない。近くの造り酒屋で土産に一本、求めようか。

小林一茶（一七六三～一八二七）には、「酒尽て真の座に付く月見哉」の句もあり、酒豪のようだったから、「記念館」には行かずに酒屋へ寄っても、叱られはしないでしょう。

街道からほんの少し、横道に入ります。狭くはない敷地にある酒屋は、気どりのない古さです。よく、あるじゃないですか。リニューアルして、太い梁《はり》をこれ見よがしに強調し、薄くらい照明なんかで、古さを演出した古民家が。あーいうのじゃなくて、ただただ正直に古くて豪壮なのです。

正直に古いたたずまいですから、商品の陳列も気どらない。十本ほどの一升瓶が、アルミ製の棚に並んでいるだけ。銘柄と価格に加えて、「純米吟醸」などと製法が値札に書かれています。何種類かある中で、一番安いのと、次に安い二本を注文しました。

安酒を買うのは、けちなだけではありません。筆者は燗酒が好きなのです。品評会で金賞をとって、一升で一万円以上もする「特別大吟醸」なんていうのは、冷で呑むのがご推奨。たしかにおいしいだろうけれど、日本酒は燗酒がよいという、時代遅れの好みだから、「吟醸酒」なんてもったいない。燗にあう酒は、そう高くはないのです。

年の頃が四十代の番頭さんらしき人は、注文をきいて奥の倉庫へ品物を取りに行きました。待つ間に、一升瓶がならんでいる棚の背後に目がいきます。黒光りした柱には、幅は十五センチほどで、長さが六十センチくらいの板が張られています。陽に焼けて茶色くなった板には「職人従業中面会謝絶」と墨書されていました。わずか九文字にいろいろなことを空想します。たとえば、お店《たな》へ奉公にきて、仕事をおぼえはじめた若者へ、親類縁者がたずねてくると里心がついて仕事にならないからと掲げた看板ではないか。そんな空想は、根拠がない妄想でしょうか。いや、小林一茶は、「藪入《やぶい》りや泪先立人の親」の句をよんでいるから、はずれてはいまい。しかし、「藪入り」なんて風習がなくなってしまった現代、少し説明が必要でしょうか。

人生のある時期、雑音のない空間で生活するのは有効なこと

藪入りは、正月と盆の前後に、お店に奉公にきている若者が主人に暇をもらって実家にもどる習慣です。前掲の句は帰ってきた子どもに、声をかけるよりも先に涙がでてきてしまう親の心情をうたったものでしょう。そうした親の心模様を十七文字でなく、もう少し長い噺にしたのが古典落語の「藪入り」です。こんな噺です。

商家へ奉公に出た亀吉が、三年ぶりに里帰りするというので、父親は前の晩から寝つけません。いざ息子が帰ってくると、涙があふれて息子の姿をみることができない。一茶の句と同じ

風景です。でも、俳句と同じでは、落語にはなりません。湯屋へ行った亀吉が置いていった財布をのぞくと大金がはいっています。「何か、お店で悪いことをしたのではないか」と、金の出所を詮索する父と母の心配が、泪だけではない人情噺へと昇華させます。

「藪入り」も「奉公」も、今では絶滅したであろう習慣ですが、終戦前まで残っていた就業形態です。噺では、亀吉の年齢は定かではありませんが、江戸時代には九歳や十歳で、親元を離れて丁稚《でっち》になったようです。住み込みで衣食住は保証されるけれど、給金はなし。すごくブラックな雇用関係ですが、単なる労働者ではなく、読み書きソロバンの教育をうけ、接客方法や社会一般の常識を学びます。

テレビドラマでいえば、昭和五十八年にＮＨＫの朝の連続ドラマで放映された『おしん』の世界と書けば、わかる人は多いでしょうか。山形県の貧しい農家に生まれた少女・おしんが七歳のときに材木問屋へ子守奉公へ出され、その後、職も住まいも転々として、明治大正昭和を生きた物語です。高視聴率を記録して、日本人の二人に一人がみていたといいます。

二人に一人がみていたというのは、驚異的ドラマですが、筆者はみていない一人でした。なぜなら、そのころ、修行道場（僧堂）にいたので、テレビなんてなかったのです。道場にはテレビもラジオもありません。まったく情報が入ってこないかというと、托鉢で街に出れば、流行り歌は耳にはいってきます。新聞は老師（住職）だけが講読していて、薪で風呂をたくから、焚きつけに古新聞があり、数日前の出来事をちらっとのぞいていただけ。

筆者は宗門大学を出てすぐに僧堂へ入門したけれど、道場にはいろいろな職場を経由してくる者がおりました。私の同期には代議士秘書をしていたのがいて、彼は風呂をたきつける時、古新聞を食い入るように見ていたな。

現在でも道場内の情報量というのは、たいして変わってないでしょう。世の中の動きなどに惑わされていたら、坐禅修行の妨げになるというのです。北信濃の造り酒屋でみた、「職人従業中面会謝絶」の看板も、同じ雰囲気をもっていました。人生のある時期、雑音のない空間で生活するのは有効ですが、運用をまちがえると危険です。

昭和が平成に移った頃、カルト教団による数々のいたましい事件が続き、宗教ということばに、怖れをいだく人が多くなりました。そこで、筆者が属する教団でも、カルト問題を研究する勉強会が開かれました。その時の講師によれば、「カルト」という言葉には厳密な定義は共有されていない。だが、宗教が狂信的に変化するには、いくつかの条件があるという。

一つが住み慣れた生活から異なる環境へ移り住み集団で暮らすこと。次に、外部と手紙電話などをやりとりする通信の自由を奪うこと。三つめが、そうした環境から自分の意思では、脱出できないこと。

世の中の二人に一人がみていたテレビドラマもみていなかったし、筆者が僧堂にいる間に、国鉄がＪＲに生まれかわり、電信電話公社がＮＴＴになったのも知らなかった。情報をさえぎり、勝手に出ていけば、逃亡の烙印《らくいん》をおされる僧堂は、カルトなのか。

禅の道場はカルトではないと、いくつかの反論ができます。まず勧誘をしないこと。僧堂は坐禅をします。坐禅もヨガの一種です。だからといって、「坐禅もヨガと同じ！　いっしょに坐りませんか」なんてチラシを駅前で配ったりはしない。

あるいは、僧堂へ入門するときです。修行僧が作法にのっとって、入門の許可を得ようとします。すると、取り次ぎの僧は、「当道場は只今満衆につき、あなたのような立派な方は他の道場へおまわりください」と丁寧に断ります。「そうか、おれは立派なのか」と、他の道場へ向かおうとするならば、彼の行くべき道場はどこにもない。拒絶された雲水は、玄関の上がりかまちに頭をつけ、その後十時間以上、二日間にわたり坐り込みを続けなければならないのです。

最初は名をくらまし、甘いことばで勧誘するのとは異なり、入ってくるのを拒絶するのですから、カルトとはちがいます。しかし、悪も善も似てしまうから、困ったものです。ご用心を。

5章
浪《なみ》を静めて

経典にはたとえ話が多い

仏教経典には、たとえ話が多い。例をあげれば、「犀《さい》の角《つの》のようにただ独り歩め（スッタニパータ）」とか、「悪いことをするな、求めるところは少なくあれ。林の中にいる象のように（ダンマパダ）」とかいった具合に。動物にたとえるだけかというと、天空の月と星に助けを求める一文もあります。いわく、「聖者と交われ。月が星の軌道に交わるように（ダンマパダ）」。これなんか、当時の最先端の天文学、つまり科学ではないかなぁー。今でいえば、ＡＩの効用と危険性を法話のテーマにするようなもの。昔の仏教者は身のまわりをすごく観察していたのです。

『坐禅儀』の最終部分にも、次のような例話が登場します。自分の周囲と、自分自身を観察した賜物です。

「水中に落ちた珠《たま》を探すには、まず浪《なみ》を静かにすべきであって、水を動かしたのでは、珠を手に取ることはできない（珠を探《と》るには宜《よろ》しく浪を静むべし、水を動ずれば取ること応《まさ》に難《かた》かるべし）」

心が折れた時、バタバタしても、よどむだけだよ。じっと、澄んでくるのを待ちなさい、と。

1　芭蕉、白隠、無著。そして海苔

僧のくせに文学や歴史書などを熟読し文筆を業とするなどもってのほか、こんな者は頭を剃っただけの俗人だ。（もし其れ心を外書に酔わしめ、業を文筆に立つる者、此は是れ剃頭の俗人なり）

——『七朝帝師（夢窓疎石）遺誡』

ふたりの怪物

毎朝、テレビ体操をします。固くて曲がらないわが関節は別にして、テレビをみていて気になることがあります。映像と同時に、体操のしかたを言葉で説明してくれるのですが、これがわかりにくい。たとえば、「腕の外まわし、内まわし」とか、「首を横曲げ、左右にねじって」。外と内ってどっちだよ。曲げるとねじるはどうちがうんだ。画面があるから理解できるけれど、言葉では説き明かしにくいのが身体の動作です。などと、番組への不満を言っているわけではなく、詩歌で恋愛の気分は伝えられても、身体の動きを説明しようとすると言葉は不自由です。ここで、クイズです。次にあげるのは、仏教の重要な動作をしめしたものです。何の所作を教えているでしょうか。

「互いの指を交差してはならない。胸の前に高からず低からず所を得て当てる」

合掌の仕方です。江戸時代は妙心寺の学僧、無著道忠《むちゃくどうちゅう》禅師（一六五三〜一七四四）が著した、『禅林象器箋《ぜんりんしょうきせん》』にある記述です。『禅林象器箋』は今でいえば、禅学大辞典みたいなもの。現代語訳は西村惠信著『禅林象器箋抄釈』（禅文化研究所）からお借りしました。

というわけで、今回のテーマは合掌です。と、宣言しておきながら、テーマから脱線して寄り道するけれど、無著和尚について少し書かずにはおられない。そういっても、なじみのないお名前でしょう。日本仏教の歴史を学ぶのに、必読の古典である辻善之助著『日本佛教史』（岩波書店）全十巻にその名を見つけることはできません。

しかし、九十二年の生涯で執筆した経典語録の注釈、史伝や禅語の考証などの著作が九百余り。数の多さもすごいけれど、研究調査の手法は、現代のコンピューターによる分類処理の先がけだというからおどろいてしまう。そして、遷化《せんげ》（逝去）の直前まで書籍を読みつづけ、漢文に朱色の訓点を加えていたと伝えられます。生涯現役で人生百年時代の現代からみても驚異的な怪物です。

江戸時代は元禄の頃に、臨済宗ではもうひとり怪物がおられました。道忠和尚より三十歳ほど年少ですが、臨済禅中興の祖と仰がれる、白隠慧鶴《はくいんえかく》禅師（一六八五〜一七六八）です。白隠禅師は五十一歳のとき、『人天宝鑑《にんでんほうかん》』という本の中でわからなかったことを道忠和尚に教えを乞います。

その当時、白隠は駿州原駅（静岡県沼津市）にある松蔭寺《しょういんじ》の住職でした。数十人の修行僧が白隠を慕って、寝食をともにしています。そんな新進気鋭の白隠が八十三歳の道忠和尚に教えを求めるのです。しかも、白隠の名は京都まで知れわたっていたであろうに、道忠和尚宛に直接に手紙などだしません。面識もないからと妙心寺内の宿坊に依頼して尋ねます。ここでいう宿坊は、在家参詣人の宿ではなく、妙心寺を本山とする地方寺院の住職が、上洛したときの宿であり、本山への各種書類を仲介する役目をもっていました。妙心寺派では、基本的には今もこの制度は続いています。

白隠と聞くと、太い筆跡の遺墨から豪放なイメージをいだいてしまうけれど、細やかな心で礼儀をまもるのです。そして、疑問にこたえてくれた礼状は（礼状も宿坊和尚経由で、どこまでも筋をとおす白隠です）、楷書で丁寧に書かれ、幅二十六センチ、長さ一メートル二十四センチにもおよぶ長大なもので、なんと現存しています。芳澤勝弘監修『白隠禅画墨跡』（二玄社）墨跡篇［三三四］に掲載されているから目にすることができます。三百年前の書簡がきちんと残っている。これってすごくないですか。「すごい」には理由があります。無著和尚が白隠からの手紙を巻物に表装して保管したのです。その後の白隠を予感して、後の世に残す手だてを講じたのでしょう。学僧・無著和尚九十二年の生涯で、表装までして伝えようとした書簡が他にあっただろうか。

礼状の末尾には、「海苔二品」を送ると書かれています。生涯をただ一筋に学問に生きた学僧と、若き修行僧を教え導いていこうとする禅僧の間で、海苔が贈答されていた。きびしさのなかに、ほっとするぬくもりを感じます。ふたたび書くけれど今回のテーマは合掌で、ずいぶんと道草を食ってしまいますが、その海苔は食べてどんな味がしたのだろうか。

砂まじりの海苔

白隠は礼状に「海苔二品」と記しているけれど、無著和尚の日記によれば「三保冨士等の海苔数種」であるらしい。駿河産の海苔が京都妙心寺に届いたのは、享保二十年（一七三五）十二月も末のことです。それよりも四十年ほど前、元禄四年（一六九二）に次のような俳句をよんだのは松尾芭蕉（一六四四〜九四）です。

歯にあたる身のおとろひや海苔の砂

この句をよんだ三年後に、五十一歳で夢は枯れ野をかけめぐり、大坂で客死した俳聖です。海苔に砂がまじっているので、老境の歯にあたるというのですが、芭蕉の頃は天然のノリを集めて押しひろげて乾燥させたらしい。だから、砂がはいってしまうわけです。現代からみれば信じられないようなワイルドな食品ですが、平安時代から海苔の名はあり、「乾海苔は上層階級の贈答品や大寺院の精進料理に珍重されてきた」とは、吉田豊著『食卓の博物誌』（丸善ライブラリー）の記述です。

白隠が無著和尚の居住する妙心寺へ送った海苔も砂がまじったものだったのか。これがそうではなさそうです。『食卓の博物誌』によれば、享保初年（一七一六）ごろ、江戸は品川沖で海苔の養殖がはじまります。浅い海中に木の小枝や竹を立てて、海苔が付くのをあつめて、手で押しひろげて乾かす方法だから、砂がまじることは少なくなります。

享保末年（一七三五）ころには、和紙の紙すきにヒントをえて、ヨシを編んだスノコに海苔を流して平均にひろげる現代の製法にちかい海産物に進歩します。それが、日本各地に伝えられ、駿河の三保の浦も新興産地として有名になります。白隠が禅録の疑問を解いてくれたお礼に送ったのは三保産海苔ですから、芭蕉の時代とは異なり砂のない、目新しい高級品だったのではないか。

学問以外に関心がなかった無著和尚ですが、目新しい珍味をどう口にされたのか。海苔巻きが出現するのは江戸時代後期のようだから、海苔巻きではない。江戸時代の料理本として名高い『豆腐百珍』には青海豆腐なる調理法が紹介されています。すくい豆腐を葛湯でにて、醤油をさして、海苔を焙烙《ほうらく》であぶり、細かくもんでかける。おいしそう。こんな料理だったのか。高級海苔をどう食されたかは不明だけど、ひとつだけ確実なことがあります。無著和尚は白隠からいただいた海苔を前にして合掌し、「道業《どうぎょう》を成《じょう》ぜんが為にまさに此《こ》の食《じき》を受くべし」と食前の偈《げ》をとなえたにちがいありません。さて、その合掌はどうするのが正しいのか。道草をさんざん食って、やっとテーマにたどりついたのですが紙幅の関係で項を新たにして続けます。

2 手を合わせる

花は合掌に開けて春に因らず――菅原道真

テロルの決算と合掌

合掌について、前項に続いて書きます。「続いて」と言いながら、前項では道草をして、掌を合わせる話にたどりつけませんでした。だから、今回はズバリ、合掌の詩からはじめます。詩人の高田敏子（一九一四～一九八八）さんの『月曜日の詩集』所収、「浅草観音」と題された冒頭です。

神さまや　仏さまが
ほんとにいらっしゃるかどうか――
でも　あの合掌したときの安らぎは
どこからくるのでしょう

右の手の悲しみを
左の手がささえ
左の手の決意を
右の手がうけとめる

あと六行ほど続く長くはない詩ですが、全部を載せるのはエチケット違反かと思い、このくらいで。

さて、『月曜日の詩集』は昭和三十五年三月から朝日新聞夕刊家庭欄に掲載された詩を一冊にしたものです。新聞の縮刷版で調べると「浅草観音」が紙上に載ったのは、同年十二月二十六日です。家庭欄ですから、詩の隣には、「週刊奥さまメモ」なんてコーナーがあります。

著者自身が詩集の「はじめに」で、昭和三十五年と記しているので、それにしたがったのですが、この年は昭和三十五年と書くよりも１９６０年とした方が、時代の香りがするのではないでしょうか。六十年安保の年です。六月には学生が国会になだれ込んで、女子大生が圧死する。そして、十月には、政党の委員長が日比谷公会堂で演説中に刺殺される。そんな年に発表された詩だと知ると「右の手の悲しみを／左の手がささえ／左の手の決意を／右の手がうけとめる」のフレーズは重い時代の空気を背負っているのではないか。そう、思うのです。

高田敏子さんは大正三年（一九一四）生まれです。同時代の詩人の石垣りんさんは大正九年（一九二〇）生まれで茨木のり子さんは大正十五年（一九二六）生まれ。この三人の詩は小中高校の教科書で常連だからなじみもあるのでは。といっても、学校の教科書なぞ追憶の彼方へ飛んでいってしまったご同輩には、なじみというよりは懐古といった方がよいかもしれません。こういう詩は、ただ味わえばよいのですが、仏教者としてひとこと加えるならば、詩は「神さまや仏さまがほんとにいらっしゃるかどうか――」と懐疑的であるけれど、合掌すれば安らぐというのが、日本人の一般的な感情でしょうか。宗教学者の山折哲雄氏は、このことを「感じる宗教」として次のように述べています。

「西洋の一神教的世界においては、神、あるいは神と類似のものを信じるか信じないかが重大な問題なのですが、多神教的世界における日本人にとっては、信じるか信じないかではなく、神々の気配を感じるか感じないか。「感じる宗教」なのです。「信じる宗教」と「感じる宗教」を分けて考えると、日本人の心のあり方がよく理解できる。山に入れば山の気を感じて、そのかなたに先祖を感じたり、神々や仏たちを感じたりする」(『信ずる宗教、感じる宗教』中央公論社)。

「感じる宗教」と「信じる宗教」には説得力があります。しかし、信じることができないのが他人の年譜です。筆者の手もとにあるのは昭和四十二年に出版された『月曜日の詩集』(あすなろ書房)です。その巻末にある「著者略歴」によると詩人の生年は一九一六年(大正五年)です。疑ったわけではないのですが、たまたま書棚に並ぶ他の資料をみると、一九一四年生まれらしい。いったいどれが正しいのか。こういう時に信頼できて、簡単に調べられる方法として、国会図書館のホームページを検索することにしています。国会図書館のホームページでは、一九一四～一九八八となっている。詩集の誤植でしょうか。

おおよそ年譜というのはあまり信用できないもののようです。例をあげると、禅をZENという表記で世界へひろめた鈴木大拙博士の『鈴木大拙全集・第一版』(岩波書店)でいえば、「旧全集の大拙の少青年期の年譜はほとんど間違っていた」(「鈴木大拙を読み直す」2015

年11月号『在家佛教』)。そう、喝破するのは宗教哲学者の浅見洋氏です。
あるいは、夏目漱石の生涯を日毎にたどった九百頁にもおよぶ荒正人著『漱石研究年表』(集英社)にある漱石と大拙のめぐりあいの期日は、つじつまが合わないから怪しい。なんて他人の誤りは蜜の味。願わくは、この草稿に誤字誤植のないように、と手を合わせて祈るばかりです(祈っている暇があれば校正しろ!)。

仏間にて

いけない、いけない。また、道草をしてしまった。合掌について書くのでした。高田敏子さんは「あの合掌したときの安らぎは/どこからくるのでしょう」と、うたっているけれど、前項で紹介した、江戸時代の学僧・無著道忠師は「やすらぎ」の理由を次のように記しています。

西村恵信著『禅林象器箋抄釈』(禅文化研究所)から引用します。

「合掌は二本の手(両辺)を一つに合わせて一となし心が散乱せず専ら一心になるためのものであり、一心相当することによって敬を表するのである」、と。手を合わせることによって、動揺していた心が一つになるから、安らぐのです。

手を合わせるだけで、安定するのですから、こんな簡単で便利なふるまいはありません。といいながら、毎日の生活を思い出してみれば、あなたはいつ手を合わしましたか。

そして、手のひらを合わせられない場合もあるのです。ずいぶん前になるけれど、十名ほどの若者と坐禅をし、その後、読経したときです。離れたところで坐っているひとりが、手を合わせません。注意の言葉が出かかります。しかし、〈まぁー、いいか〉と、思い直して声になる寸前だった言葉をのみこみました。

坐禅と読経と法話が終わり、部屋からでていく男らを見送りました。手を合わせなかった若者の後ろ姿をみると、彼の右の腕は感覚がなく不自由なのがわかります。数十分前にそんな彼に、「合掌しなさい」、と叱ろうとした言葉が冷たくノドに突き刺さります。

若者の顔は忘れたけれど、冬の寒い日だったことだけは覚えています。十人ほどの若い男と、いっしょに坐ったのは、少年刑務所の仏間でした。私は教誨師でハンディキャップを抱えた彼は受刑者でした。その彼とは、一度だけの出会いだったけれど、出所して右の手の悲しみを、左の手がささえ、左の手の決意を、右の手がうけとめて元気に過ごしているだろうか。

3 今、おまえの心は何色だ。悠々としているか

何物でもないということが、もしかしたら「青春」というものだろうか……。たはっ、なんと気障な言葉。

――玄侑宗久『竹林精舎』

五は聖数

別項で村上鬼城の俳句、「けさ秋や見入る鏡に親の顔」を引用しました。筆者は俳句を鑑賞するのは好きでも、つくることなんかできない無粋ものです。そんな無粋な人間が、出すぎたことを申しあげますが、この句の季語が「けさ秋」でなくて、「けさ春」だったらどうなのでしょうか。あるいは「けさ夏」や「けさ冬」でも、いつのまにか親の顔に似た自分の姿が、鏡

のなかにある驚きを、十七文字にこめるのが可能でしょうか。

やはり、「秋」なんでしょうね。人生の峠を越えて、これから下っていく頃に、親のようになってきた自分に気づくのは、秋という時期がふさわしいのかも。

若い時は、鏡にうつるおのれの姿に、親の顔など見つけません。見つけたとしても、そんなのは見なかったことにしてしまいます。でも、青春を通り越して、人生の方向が見えてきたころになれば親に似てきたという、いまいましい事実も受け入れられるようになりはしませんか。

ところで、青春なんて口にだすのは恥ずかしいけれど、きれいなことばです。禅も青春ということばを好んでつかいます。たとえば、「白日《はくじつ》(＝月日・時間)、空しく過ごすことなかれ。青春、再び来たらず」という唐詩の一節が、『続古尊宿語要』などいくつかの語録に引用されています。気づいたころには通り過ぎている青春は、昔も今も変わりありませんし、春を形容する色に青を選んだセンスにびっくりします。だれの造語なのか。

春だけでなく、四季に色をつけたのは古代中国人です。夏は朱夏で、秋は白秋に冬は玄冬。そして、季節の変わり目の立夏・立秋・立冬・立春の前、十八日間を土用として黄色であらわしました。合わせて、青黄赤白黒《しょうおうしゃくびゃくこく》です。お寺へお参りすれば、この五色に出会うはずです。大きな行事で見かける五色幕なんていうのもあります。ただし、五色幕の場合、黒色のかわりに紫色を使いますし、「仏旗」は黒ではなくて橙色をつかいます。

四季の移ろいを、人の一生になぞれば、まさしく人生の色でもあります。生まれて「青」、ぐんぐんと成長し「赤」、成果をだしきって「白」、閑かに終りを待つ「黒」。季節の変わり目が不順なのに似て、人も幼年期から青年へ、壮年から老境へと節目では精神も肉体も変調をきたすから要注意の黄色信号。

もっとも、オリンピックの五輪マークも、青黄黒緑赤ですから、洋の東西をとわず、つきつめれば、同じような色彩になってしまうのでしょう。でも、古代中国人のすごいところは、青黄赤白黒の背景に、綿密な暦の科学があることです。五行説です。

古代中国人は五を聖なる数として、身のまわりを五でまとめました。例をあげればずいぶんとあります。まず、味覚は酸っぱい、苦い、甘い、辛い、鹹《しおから》いの五味で、感覚は五感、音は五音でできていて、臓器は五臓といった具合です。季節も聖数にするために、四季プラス土用の五時にしたともいえます。

日本は技術も仏教も文学も、過去の中国にお世話になっていることだけは確かです。俳人がみた鏡とは使いみちも造作も異なるけれど、鏡だって古代中国からいただいたのが最初ではないの！

禅の山河をたずねて

現代の中国をどう思うかは、それぞれでしょう。禅でいえば、中国は故郷です。筆者も禅の山河を、訪れたことがあります。忘れられないのは、玄奘三蔵《げんじょうさんぞう》法師の追っかけをしていた松原哲明師にさそわれて、西域南道というルートを行ったときでした。

松原哲明師は、生涯で百冊以上の著作と、連日の講演をこなしながら、平成二十二年に七十歳で突然に遷化《せんげ》（逝去）されました。遷化されるまでの数年間は、筆者の不徳から疎遠になっていましたが、平成も一桁の年代の頃は、何かとお誘いしていただきました。

その旅は、中国はタクラマカン砂漠の南側をカシュガルから敦煌まで、オアシスの町をたどりながらジープで走破するという、哲明師が企画して旅行社が手配したものでした。どんな旅行だったのか。「こんなの旅行じゃないですよ。冒険ですよ。とんでもないルートを添乗するはめになってしまった」と嘆いた、ツアー・コンダクターのせりふを今でもおぼえています。きびしい旅だから、いくつかの病歴がある哲明師は、頼もしい医師と看護師さんを同行させてくれました。S医師です。Sさんの専門は脳外科です。砂漠の旅ですから、予想されるのは脱水とさまざまな感染症でしょうか。そんな症状が想定されるのに、脳外科なんておおぎょうな。大丈夫なのでしょうか。大丈夫なのです。S先生は赤十字から、世界の紛争地域へ派遣されるようなお医者さまだったのです。だから、オールマイティー。多くは語りませんでしたが、旅も終わりに近づいた頃、こんな話をしてくれました。

昭和が平成に変わった頃、Sさんは激しい内戦に明け暮れていたカンボジアの野戦病院で勤務しました。三か月のあいだ、熱帯雨林に建てられた仮設の病院で、国籍の異なる数人の医師と看護師にかこまれて、五百人もの傷ついた人びとに手術をほどこしたという。

お腹に弾丸が撃ちこまれた少年、あるいは地雷で片足が吹き飛ばされた兵士が、休むひまもなく運ばれてきます。最悪時には、三日間で八十件の手術をこなした。そんな地獄絵にも似た毎日の連続の中で、一瞬の空白が訪れた時、S先生は自分自身にこうつぶやきました。

「医者になってよかった」

そうした極限状態のなかでの、患者を診察する順番を話してくれました。重篤なけが人から治療するかというと、そんなことはない。治る可能性が残っていて、緊急な手当が必要な患者から処置するのだという。そうなると、助かる見込みが少ない患者はどうするのか。先生は合掌の仕草をするだけでした。非日常を求めて旅にでたのですが、非日常は日本では見ることのない広大な砂漠ではなく、同行者の言葉にありました。

あの時、S医師はそれ以上のくわしい話はしなかったけれど、患者の治療順位を決定するのは「トリアージ」というのですね。日本でも、阪神淡路大震災以後、知られるようになった言葉ではないでしょうか。

そのトリアージの訓練の様子が、数日前にテレビニュースで放映されていました。S先生を思い出しながらみていました。病院での訓練ですから、看護師さんが患者役の人に何やら色のついたタッグを手渡しています。緊急事態で混乱しているから、誰がみてもわかるように、治療の優先順位を色分けしているのです。緑、黄、赤、黒の四色のタッグです。なんだ、白色はないけれど、ほとんど仏教の五色幕と同じではないか。徹してみれば、同じ色になる。

さかのぼれば、仏教の五色幕もトリアージのように、緊張感をもった色だったのかもしれません。「今、おまえの心は何色だ。悠々としているか。それとも、手当が必要か」。そう思うと、冒頭で紹介した「けさ秋や見入る鏡に親の顔」からは、ほのぼのとした追慕ではなく、収穫の秋にさしかかった人生の覚悟が読みとれます。

4 めざせ、掲示板大賞

お寺の掲示板のことばは国境を越える――江田智昭

たしなみでんな

大阪の中心部にある老舗の某旦那さんは、毎月一日と十五日に敷地内に建つお稲荷さんの社を掃除して、榊《さかき》を取りかえます。それを知った取引先の社長さんが言いました。

「たいした信心ですなぁー。なにか、信仰でも」

老舗の旦那さんは、変な宗教でも信じていると誤解されては商いにさしさわる。そう思って、あわててこたえました。

「信仰だなんて、めっそうもない……。たしなみでんな」

「たしなみ」なんて、最近あまり聞かなくなったような気がしますが、粋な言葉です。この旦那さんの場合、信心や信仰が無色透明に昇華してさらりと、その人に溶けこんでいるから心地良い。でも、澄んで静かな水面に大きな波紋をおこすような教団もあるこの頃、信仰とか宗教などという言葉には注意深くなっている現代人です。

例をあげれば、だいぶ前のことになるけれど、父親の年忌法要のために筆者が住職する寺へ、お参りしたT子さん。法要が終わったあとで、少し深刻な顔で聞いてきました。

「今度、東京にある仏教伝道協会ビルのレストランに勤めようと思っています。その協会は危ないところですか」

筆者は笑いながらこたえました。

「だいじょうぶ、立派な組織だよ。たとえば、ホテルに『仏教聖典』という本が置いてあるの知らないかな? あれは仏教伝道協会が作って寄贈しているんだ。日本語だけではなくて、英語はもちろんのことカザフ語、スワヒリ語とか何十もの言語に訳されているらしいよ」

それを聞いたT子さんは安心して、仏教伝道協会ビルのレストランに勤務したようです。ところで、仏教伝道協会は宗教法人ではありません。財団法人です。明治生まれの企業人・沼田惠範《エハン》師（一八九七～一九九四）が、仏教普及をめざして設立した組織が今も活動しているのです。

以前は、こうしたこころざしをもった企業人は数多くおられたのですね（今もおられるけれど）。でも、こころざしがあってもそれを認めない社会状況になっています。たとえば、六十年以上続いた仏教の月刊誌が平成二十九年に休刊しました。発行を支援する企業が大企業と合併して、特定の宗教へ肩入れするのは、「ステークホルダー（企業の利害関係者）に納得してもらえない」というのが理由らしい。近代現代の篤志家の心意気を許してくれない窮屈な社会になっています。

年の瀬の年中行事

仏教伝道協会に話をもどせば一般の方が今、その名前に出会うのは年末におこなわれる「お寺の掲示板大賞」ではないでしょうか。二〇一八年というから、平成最後の年の暮れにはじまった催しです。お寺の掲示板にかかげられた言葉を自薦他薦で応募して、標語内容のありがたさ・ユニークさ・インパクト等によって入賞を決定する企画です。第一回に大賞を受賞した、

「おまえも死ぬぞ　釈迦」の強烈さからこの賞が世間に認知され、第一回の翌年秋には企画者の江田智昭師の著書『お寺の掲示板』（新潮社）が出版されたこともあり、知る人ぞ知る、知らない人は知らない。京都・清水寺の「今年の漢字」と肩を並べる（そこまで有名ではない）、年の瀬の行事になりつつあります。

筆者の寺にも、掲示板があります。毎月一回、経典の文句や詩歌、小説、有名人の言葉を白い紙に墨書しています。街頭にたつ掲示板だけではなく、寺のブログでその月の標語を紹介しています。たとえば、二〇二三年七月の言葉とその背景はというと。

お経を読んでも　つかめはしない（教外別伝＝きょうげべつでん）
言葉で言っても　書いてもだめだ（不立文字＝ふりゅうもんじ）
ほんとの自分を　しっかりつかむ（直指人心＝じきしにんしん）
それができたら　みな仏（見性成仏＝けんしょうじょうぶつ）

重松宗育著『禅の贈りもの』より

「お経を読んでも　つかめはしない」のならば、「なんで読んでてんのよ」。なんぞとつっこみどころ満載のことばです。

引用は重松宗育著『禅の贈りもの』（法蔵館）からです。この本、平成三年初版だから、新しい本ではありません。どんな本なのか。それを説明するには、著者の略歴を紹介するのがてっとり早いでしょうか。次のようにあります。

「一九四三年、静岡県清水市生れ。東京外国語大学、京都大学大学院で英米文学を学ぶ。静岡大学教授（アメリカ文学）、承元寺（臨済宗妙心寺派）住職、さらに欧米への禅文化紹介に努める翻訳家として活躍中」

要するに、英語に堪能な禅僧が禅語を集めた句集（禅林句集）を英訳した作業の裏側をつづった本です。その冒頭で、「禅の宗旨《しゅうし》をひと言で言うと」。つまり、禅の四大テーマ（教外別伝・不立文字・直指人心・見性成仏）を現代語訳したのが、「お経を読んでも」以下の言葉です。禅の言葉に限らないのでしょうが、翻訳というのは辞典で対応する言葉をあてはめていけばできるってもんじゃなく、困難な作業であったと思います。

ショッキングな言葉ではじまる、禅の四大テーマの現代語訳ですが、私はかねがね思っていることがあります。「ほんとの自分」とか「もうひとつの自分」。あるいは「自分探しの旅」という言い方をよく聞きます。これに、少しばかり嫌悪感を抱いています。

「今の自分は本当の自分ではなくて、もっと良い自分がいるはずだ」とか。「もうひとつの自分は、今の自分とはちがう」とか。「それを探すために、自分探しの旅に出るのだ」てな具合で、どうしようもない自分からの逃げ口上に使われているのではないか。そう、前から考えています。

以上は、筆者の寺の令和五年七月の伝道掲示板の言葉と裏事情です。「お経を読んでも つかめはしない」って刺激的じゃないですか。「おまえも死ぬぞ　釈迦」ほどではないけれど。これを「2023お寺の掲示板大賞」に応募しようと思ったのです。でも、応募にはインスタグラムなどのアプリが必要だと知って、そんなのやってないしー。面倒になってやめました。どなたか、筆者の寺の掲示板で気に入った標語があったら、「お寺の掲示板大賞」に応募しておいてくれないかなぁー。

5 鬼のひそひそ話

うそをつくべからず。ものをひらふべからず。
父母にきかずしてものをもらふべからず。
ごうじやうをはるべからず。兄弟けんくわかたくむよふ。
人のうはさかたく無用。ひとのものをうらやむべからず。

——福沢諭吉『ひゞのをしえ』

かけ声は「福ハ内」だけ

二月の立春も近くなった、少しばかり暖かい日のことでした。どこからともなく、鬼のひそひそ話が耳に入ってきました。赤鬼さんが青鬼さんにぼやきます。

「そろそろ、節分だね。われら鬼にとっては、受難の日が近づいてきた」

青鬼さんも、ためいきまじりにこたえます。

「いつもは、天井や床下に隠れていたり、人の心の奥深くにもぐり込んでいても見逃してくれるのに、どうして、この日に限って豆を投げつけられるのだろうか」

学問好きの赤鬼さんは、日ごろの勉強の成果を披露します。

「そもそも仏教では、時たま施餓鬼《せがき》や施食会《せじきえ》などという法要をして、われらはたくさんの食べ物をいただける。ましてや禅宗は、朝食と昼食には、〈もろもろの鬼神たちよ、お前たちにお供えを施そう（汝等鬼神衆《じてんきじんしゅう》、我今施汝供《ごきんすじきゅう》）〉と声にだして唱えて、数粒の米粒をわけてくれるのに、一年に一度追いだそうとするのは筋がとおらないね。でも、道理をわきまえているお寺もあるよ。千葉県の成田山新勝寺では、〈鬼は外〉とは言わずに〈福は内〉だけを連呼するんだって。鬼を嫌って追い立てるだけでは、どこかへ行ってまた悪事を働くかもしれない。鬼も福に変えてしまうのが、新勝寺のご本尊さま・不動明王のお慈悲だから！」

「すごい物知りだね。どこで知ったの。ＳＮＳか」

「うん。有名な仏教学者の中村元《はじめ》先生が編集した『仏教行事散策』という本を読んだんだ」

静かにうなずいていた青鬼さんも、思い出したようです。

「そうそう、昔は節分の夜に、山門を開けて逃げてくる鬼を招き入れてくれるお寺もあったなぁー。そんな正しい道を知っている住職も歳をとって、亡くなってしまった。今じゃー、防犯カメラで監視されている。もっとも、鬼の姿は防犯カメラには映らないけどね。人間どもは、外にいる鬼よりも自分自身にひそむ鬼が一番こわい、というのを自覚してないから、いい気なものさ」

非常識のすすめ

鬼のおしゃべりはまだつづきます。

「道義にはずれた奴といえば、桃太郎は鬼の宿敵だね。腰につけたキビ団子でイヌ、サル、キジを誘惑して、鬼ヶ島を攻めたのだから。あそこにあった財宝は鬼が苦労して集めたお宝だよ。それに、親鬼は殺されて、小さい子どもの鬼だけが遺された」

だれもが知っている童話に誘われて、赤鬼さんがまたまた博識ぶりをひけらかします。

「桃太郎のことは、福沢諭吉先生も『ひゞのをしえ』という本で、〈もゝたろふが、おにがしまにゆきしは、けしからぬことならずや。ぬすびとゝもいふべき、わるものなり〉。と、おっしゃっているよ」

赤鬼さんの弁舌は止まりません。

「『ひゞのをしえ』というのは、明治四年に諭吉先生が息子の一太郎と捨次郎兄弟のために、半紙四つ折の帳面二冊を用意して毎日ひとつずつ書いて与えたものらしい。それが先生の死後に見つかって、出版されたというわけさ」

青鬼さんは、半紙に書かれた息子たちだけの帳面というのに興味をしめします。

「さすがだね。長男は八歳、次男は六歳かな。諭吉先生は、和紙に墨と筆で自分の子どもたち専用の教科書を作ってしまうのだから。現代はひどいもんだよ。いく日か前に電車で見たけど、まだ歩けない赤ちゃんに、お母さんは何を見せてあやしていたと思う？　スマホのゲームだぜ」

電車のどこにかくれてそんな光景を盗み見していたのか、つっこみを入れたかったのですが、じっと我慢して赤鬼さんはつぶやきました。

「でもね、最近は若者の読書量がV字回復したんだって。だから、日本昔話はまだ健在だよ。昔話といえば、桃太郎の話にはいくつかの異なる説話が伝えられているらしい。たとえば、桃太郎は鬼ヶ島でなくて、地獄へ行ってお姫さまを連れてかえり、殿さまから莫大なお金をいただいて長者になったとさ。というバージョンもあるとか。これならば、諭吉先生も桃太郎をほめてくれるかな」

「いやいや、姫を助けて、ほうびをもらうとは何ごとぞ！　善を成すに、それをあからさまにするは己のための善であり、真の善にあらず――と、叱るのではないかな」

博学な赤鬼さんは、遠く明治の時代を見るような目をしてつづけました。

「福沢先生は、桃太郎は善、鬼は悪と思いこんでいる常識を疑って自分で考えてみろ。そう息子たちに教えているのだろう」

そして、次のような結論にたどりつきます。

「常識を疑ってみろ。というのは江戸時代の禅僧・白隠禅師も口やかましく言っていたな。大《たい》疑《ぎ》の下《もと》に大悟《たいご》ありって。だからさー、節分の豆まきのかけ声も、福は内、鬼も内にしてもらえないかな」

赤鬼さんは最近、禅寺の庭に隠れ住んでいて、住職が悪いことをしないか監視しているので、どうしても聞きかじりの禅の話になってしまうのはご愛敬。さて、諭吉先生の非常識のすすめに感動したのか。それとも、近づいてきた節分の逃げ道を探しに行ったのか。鬼たちはいつのまにか消えてしまいました、これを神出鬼没というのでしょうか。

6 なぜかブギウギ

（私を）たづねて来てくれる人は大抵みな、おからだを大事に、といってくれるが、本当に大事にしてくれるつもりならあんまりたづねて来てくれない方がありがたいな、まだまだ暇がないのだ。

――鈴木大拙九十一歳『私の履歴書』より

ドラマの主人公はクラスメート

「大人の新学期」という意味深なタイトルのエッセイがあります。書いたのは作家の林真理子さんです。作家が理事長をつとめる大学が揺れているさなか、週に一回連載していた、日経新聞夕刊「あすへの話題」欄に令和五年十月十日に掲載されたコラムです。

いつが大人の新学期かというと、「ＮＨＫ朝ドラの改編というのは、大人の新学期かもしれない」。

ふーん、そういえばそうなのだが、筆者は朝ドラなど視ないそぶりをしています。だって、檀家さんに言われてしまうもの。「住職はイイヨな。そんな時間にテレビを視ていて。朝八時頃、おれたちは満員電車の中だぜ」

夕刊一面のコラムは、次のように続きます。「毎朝聞き慣れたテーマ曲が、10月を境にがらっと変わり、画面には全く新しい顔ぶれと舞台が映る。主人公が半年間のクラスメイトになるのだ」、と。

へぇー、『ルンルンを買っておうちに帰ろう』の著者は朝ドラのファンだったのか、と意外に思う。林真理子さんは期待をこめて書きます。「今回の朝ドラの重要事項は、どうやら（未婚の母）ということらしい。モデルとなった笠置シヅ子は、結婚しないまま子どもを産み、楽屋の片隅で育てたという」

破天荒な禅僧

令和五年後期・NHK朝の連続テレビ小説は『ブギウギ』でした。激動の時代の大スター、笠置シヅ子をモデルにしたドラマです。ご存じのように、ドラマのタイトルは、昭和二十三年にレコードが発売されて、笠置シヅ子が歌った『東京ブギウギ』に由来します。この曲の作曲は服部良一、作詞が鈴木勝《まさる》。

普段は朝ドラなど見ないそぶりをしている筆者も半年間、見続けました。なぜなのか。作詞した鈴木勝（通称アラン）が、鈴木大拙《だいせつ》師（一八七〇〜一九六六）とその妻、ビアトリス・アースキン・レーン（一八七八〜一九三九）のご子息だったからです。

もう少し説明が必要ですね。鈴木大拙、本名は貞太郎《ていたろう》。禅と仏教に関する多数の英文著作を執筆し、禅を「ZEN」という表記で、世界にひろめた仏教学者です。大拙という名は、当時の鎌倉・円覚寺管長釈宗演《しゃくそうえん》老師（一八五九〜一九一九）から授けられた居士号です。宗演老師は禅の修行が済むと慶應義塾に入って福沢諭吉のもとで勉強し、セイロン（現スリランカ）へ留学した、大拙師いわく、破天荒な禅僧でした。だから、宗演老師の時代に、いろいろな人が円覚寺へやってきて坐禅をしています。

夏目漱石も円覚寺で坐っています。明治二十七年十二月二十三日（または二十四日）から一月七日まで、逗留していたらしい。その経験をもとに十五年後に執筆したのが小説『門』。長い間、温めたテーマです。参禅《さんぜん》の風景が微細に書かれているから、滞在した時に克明なメモをつけていたのでしょうか。『門』のなかで、「剽軽《ひょうきん》な羅漢《らかん》のような顔をしている気楽そうな男」と描写されているのが大拙師です。

漱石が鎌倉で坐禅をして年を越した二年後の春（明治三十年）、大拙はアメリカに渡ります。漱石も明治三十三年にロンドンへ留学します。漱石のヨーロッパ滞在は二年数か月ですが、大拙のアメリカからヨーロッパへの歴遊は十一年におよびます。

帰国後、大拙四十一歳のとき、アメリカ人女性と結婚します。その子どもがアラン勝で戦後の大ヒット曲の作詞者とくれば、ドラマでも大きく取りあげられるはず。美男子だったという勝を演ずる俳優は誰か。興味がわきます。結果をいえば、服部良一と思われる草彅剛が演ずる羽鳥善一がひとこと。「鈴木が良い詞を書いたんだ」。半年のドラマで鈴木勝が登場したのはたぶんこれだけ。作曲者はドラマの主要な登場人物だというのに、作詞者があらわれたのは、数秒。それも姿はなく名前だけ。なんか変じゃない！

美男子はテレビ画面には出てこないし、その父親であり文化勲章受章の大学者の消息もドラマにはない。これには理由があります。恋多き勝は、なんどかの女性問題をおこし、結婚と離婚を経験し、あげくのはてには週刊誌沙汰になる事件まで起こした素行不良の息子だったのです。だから世間は、「大拙を完全な偉人にするためには、アランを切り捨てる必要があった」。

本当のことを書けば、息子といっても実子ではない養子でした。イギリス人と日本人女性の間に生まれたらしいけれど確かな出自は不明。生年も戸籍には一九一六年と記されているが、正確なところはわからない。

こんなスキャンダラスな奇縁を、凡僧の筆者が気づくはずがない。教えてくれたのは、情報学が専門の工学博士・山田奨治氏の著書、『東京ブギウギと鈴木大拙』（人文書院）です。どんな本なのか。「あとがき」によれば、「分野の狭間に落ちていて、学界で活躍するまっとうな研究者が省みない題材を、ささやかに掘り起こしてきた結果」だという。

山田氏の著書は二百五十ページにおよび、夏目漱石が参禅した公案、「父母未生《みしよう》以前、本来の面目」の出典を『臨済録』とするなど（正しくは『宗門葛藤集《かつとうしゆう》』）、少しばかりの傷はありますが、われら凡僧には想定外のテーマから禅を明らかにした書籍です。

さて、大拙師はほぼ毎日のように、だれが訪ねてきて、どこへ行ったかという無味乾燥な英文日記をつけていました。山田奨治氏は日記を丹念に翻訳していきます。アラン二十一歳、大拙師六十七歳の五月、日記は次のように書かれている。

「あと何年も生きられないのに、執筆に集中できたはずの時間を無駄にしたのが惜しい」

その頃、アランがしでかした女性問題の処理に、奔走した大拙でした。

さて、養父母を悩まし続けた不肖の養子、アランの名誉のために、『東京ブギウギと鈴木大拙』で明かされている次のような逸話を紹介して、この拙い文章を閉じましょうか。

鈴木貞太郎に「大拙」の居士号を授け、夏目漱石の葬儀の導師もつとめたのは円覚寺の釈宗演管長です。管長が遷化《せんげ》（逝去）され、密葬の日、三歳のアランと母・ビアトリスの会話です。

アラン＝〝Are we going to see Kwancho San now?〟（管長さんのところへ行くの）

母＝〝You won't see him any more. He's gone away to Buddha?〟（管長さんにはもう御目に懸かれない。仏様のところへいらっしゃった）

アラン＝〝Has he gone away to meditate with Buddha〟（仏様のところへ坐禅しにいらっしゃったの?）

母＝〝Yes my dear Child〟（そう）

こどもの言葉は、いつも純です。アランも我らも、そのまま大きくなれないのがつらい。

7 气＋米＝生命の源泉

どんぶり飯に生卵かける女子大生
かういう若者に未来託さむ――福島隆史

自慢か愚痴か

筆者が所属する臨済宗妙心寺派が、数年前から布教のテーマにしているのが、「四弘誓願文《しぐせいがんもん》」という四行の短いお経です。「数年前」と書きましたが、いつから、どのような事情でテーマになっているかを筆者は知りません。どこかに記してあるのだろうけれど、調べようともしない体たらく。なぜかというと、お叱りを覚悟して言えば、推進テーマは、いわゆる布教師さんの仕事で筆者は布教師ではないから。
妙心寺派で布教師というのは、二年に一度開かれる、臨済宗黄檗宗合同高等布教講習会というかなりハードな講習会を受講して適任と認められた僧に授けられる称号です。筆者はこの講習会を二度受けて、二度とも不適任とされています。一度目にやはり不適任だった受講生に橋本宗休という方がおられました。橋本師はその後、玄侑宗久というペンネームで芥川賞を受賞しています。芥川賞作家も落ちた試験を一緒に落ちた、というのが自慢です。これまでも幾度かくり返した自慢（愚痴？）をまた書いてしまいました。

さて、「四弘誓願文」です。多くの宗派でよむけれど、少しずつ文言が異なり何種類かあります。以下は臨済宗でよんでいるものです。

「衆生《しゅじょう》無辺《むへん》誓願《せいがん》度《ど》。煩悩《ぼんのう》無《む》尽《じん》誓願《せいがん》断《だん》。法門《ほうもん》無量《むりょう》誓願《せいがん》学《がく》。仏道《ぶつどう》無上《むじょう》誓願《せいがん》成《じょう》」。

これをどう伝えるか。経文とか禅の語録を伝えるというのは、何百年も昔の言葉を、現代語あるいは自分語に翻訳することではないでしょうか。筆者には現代語訳する才はありません。でも、素敵な日本語に訳された経文を探してくることはできます。詩人の伊藤比呂美（一九五五〜）さんの訳はどうでしょう。

比呂美さんは、父母の介護と看取りのなかで、仏教に急接近していきます。そして、「翻訳に翻訳をかさね、人の声に声をかさねて、実体のわからなくなってしまった音」にひかれ、経文《きょうもん》を現代語訳します。伊藤比呂美訳「四弘誓願文」はというと。

「ひとびとはかぎりなくいます。／きっとすくいます。／ぼんのうはつきません。／きっとなくします。／おしえはまだまだあります。／きっとまなびます。／さとりはかならずあそこにあります。／きっとなしとげます」（伊藤比呂美著『読み解き般若心経』朝日文庫）

「きっと」というリフレインが心地良いけれど、特殊な感性をお持ちな方を詩人というのであって、凡僧などとは別世界に生きている。なんて、諦めるのはちと早い。創作のヒントをすこしばかり明かしてくれています。

辞書はやっぱりすごい

伊藤比呂美・藤田一照共著『禅の教室』（中央公論新社）という新書があります。本の帯には次のような文句がおどります。「禅僧と詩人による雄弁すぎる坐禅対談。仏教用語を解剖しながら、坐禅への誤解を暴き立て……。読むと坐りたくなる、坐禅のススメ」

藤田一照師については、本書の3章、「姿を整える」でご紹介しています。今、注目の曹洞宗の禅僧です。そんな僧侶と、「胎児はウンコである」なる迷言をおさめた『良いおっぱい悪いおっぱい』の著者である伊藤比呂美さんとは初対面以前から接点があったというから、縁は不思議です。

どういう縁かというと、藤田師の灘高校時代の同期が、比呂美氏の前夫という因縁。それ以外にも、藤田師は学生時代から「こんな過激な詩を書くのはどんな女だろう」と、思っていたという。そうしたふたりが「がつんがつんと語る」対談集のなかで、詩人が翻訳のヒントを次のように明かしています。

〈漢字ってほんとうに面白い。漢和辞典では、白川静の『字通』が好きなんですけどね。たとえば「懺悔」という言葉の「懺」って、身を切り刻むように悔いるという意味なんですって。(途中略)だから翻訳者は「身を切り刻むように」という意味を知っていてこの言葉に訳したんだと、そう考えて、そこに、なるべくシンプルな、やまとことばをあてはめていく〉

やっぱし辞書なんですね。伊藤比呂美さん以外でも、作家の井上ひさし(一九三四〜二〇一〇)さんは辞書を引くのではなくて読んでいたというし、フォークソングの井上陽水(一九四八〜)さんが作詞するとき、歌詞を辞書から探していたと聞いたことがあります。だから、詩人の創作の秘密が辞書だった。というのは納得できます。

病気とは、気を病むこと

前述した比呂美訳「四弘誓願文」の最初の誓いは、「きっとすくいます」。何から「すくう」のか。災難から「すくう」。罪から「すくう」。苦しみから「すくう」。いろいろあるけれど、苦しみといえば、仏教は四つの「苦」を定義しました。生《しょう》・老・病・死です。四つとも避けられない苦しみばかりですが、病気なんていうのは誰もかかりたくない。ならば、病気とはなんなのか。病気は気を病む、あるいは気が病む。そう読めば、大事なのは「気」であって、気の正体がわかれば、病も姿をあらわして元気になれるのではないか。

伊藤比呂美さん推奨『字通』の超ハンディー版である白川静著『常用字解』(平凡社)で「気」を引けば、「气は雲のながれる形で、雲気をいう。气は生命の源泉、おおもととされ、米(穀類)はその気を養うもとであるというので、气に米を加えて氣になった」。このように、「氣」の字を解剖してくれます。つまり、气+米=生命の源泉なので、とどのつまり病は食に行きつく。という至極あたり前の話になってしまうので、料理のレシピ本が絶えることなく本屋の店頭に並び、ネットでも縦横無尽に調理法が検索できる現代です。

そんな中で、すこし変わったレシピ本を紹介します。黒柳桂子著『めざせ! ムショラン三ツ星』（朝日新聞出版）です。黒柳さんは刑務所で管理栄養士として働く国家公務員で、三十倍の採用試験を突破し、はじめて担当する刑務所を訪れた時、次のような会話をかわします。「刑務所の食事は受刑者が作ってるんだよ（刑務官）」、「あのお……、誰が調理を教えるのですか（黒柳）」、「そりゃあ、栄養士さんだよ（刑務官）」。「いやいや聞いてないし、笑いごとじゃなくない？　ここって男子刑務所だよね。怖い人が包丁持ってたら、さらに怖いんですけど」。

顔は平静を装いますが。頭の中はプチパニック。でも、今さら引き下がれない。「離婚したし、住宅ローンもあるし、2人の娘を育てないといけない」から。黒柳さんは塀の中で、「心がほんわか温かくなった」体験や、「ウマかったっス」という受刑者のことばに救われるけれど、卒業生（出所者）に「またおいで」と書けない仕事をとおして、「食生活と犯罪には因果関係がある」と、学びます。やはり、気＋米＝生命の源泉なのです。だから、仏教も厳格な食の規則をつくったし、道元禅師は留学先の港で、修行道場の典座《てんぞ》（食事係）と出会ったことが、人生の一大転機になります。それゆえ、「すくい」「なくし」「まなび」「なしとげる」四つの誓いと願いは食が根本にある。なーんて、意表をつくことを書くから、わたくしは教団で布教師不適任のラベルをはられてしまうのでしょうか。

8 禅の掛搭物語 不動のセンターはどれだ！

二、三流の人が、自分の修業時代や青春譚を熱く記しても、読者は興味を示さない。「一流の人がエッセイを書いたら、そちらでも一流だった」というのが、有名人エッセイに求められる姿でしょう。

——酒井順子『日本エッセイ小史』

ロスな気分と脅しのなかで

この本の冒頭で、筆者の長男が禅の修行道場へ掛搭《かとう》（入門）した話を書きました。送りだしたあと、少しばかりロスな気分でいると、同行《どうぎょう》の和尚が脅します。「朝、山門を開けると、道場から逃げてきた息子がうずくまっていた。なんて話をよく聞くよ。大丈夫か」。

この脅かしを聞いてから、毎朝山門を開けるのがこわくなりました。こわい朝が続いているうちに、季節は春から初夏へと過ぎていきます。季節の移ろいのなかで、ふと、掛搭をテーマにした文章を読みなおしてみようと思いました。記憶にはのこっていても、「あの人があの頃、書いてどこかに載っていた文」なんて、途方もない条件から探しだしてもらった文章もあります。筆者が知るかぎりの「掛搭物語」の中で二つ。さて、推しはどれだ！

名人と名人が響きあう

はじめに、掛搭という言葉を確認しておきましょうか。「搭」であって「塔」ではないのですが、掛も搭も「ものを掛ける、つるす」の意味があります。かぶっていた笠をとって壁に掛け、履いてきたワラジを脱いでつるす。つまり、行脚《あんぎゃ》をやめて入門し道場へとどまることです。道場入門ストーリーの最初はやはり、本書の冒頭「心を起こせ」でも話題にした盛永宗興《もりながそうこう》老師でしょうか。老師のプロフィールはというと、（大正十四年富山県生まれ、得度後、大徳寺僧堂で修行、妙心寺塔頭大珠院前住職）。こんな無味無臭な略歴ではつまらない。陶芸家で楽家の前当主・十五代吉左衛門（一九四九〜）氏の文章を紹介します。

楽氏は日経新聞の名物コラム「私の履歴書」を令和二年二月に一か月間執筆しました。連載の折り返し地点の十四日に「仕事場の机が座禅の場・坊主もちゃわんも同じ」というタイトルで盛永宗興老師のことについて述べています（どうでも良いイチャモンをつけますが、タイトルの座禅は正しくは坐禅です。坐の字が常用漢字ではないので、新聞社の用語集にしたがって座禅になっているのでしょう）。

十五代は学生時代に、「ボーイフレンド」ならぬ「ボーズフレンド」を自称する茶道教授の野尻命子《みちこ》さんに連れられて、宗興老師が住職する大珠院《だいしゆいん》を訪ねます。大珠院は京都の龍安寺を望む鏡容池《きようようち》のほとりにあります。十五代は、「老師はこんな美しい景色を眺めて暮らしている。どうやって人を救うのですか」なんて悪態をつきながら、日曜日の朝の坐禅会にも顔をだします。ある日、老師は十五代を呼んで戒《いまし》めます。「ちょろちょろ来るな。お前が座禅を組む場所は、毎日座る仕事場の前だからな」。心に強烈に響いた、という。

この戒めは平成七年に老師が六十九歳で遷化《せんげ》（逝去）された時、病牀を見舞った十五代への最期の言葉にもなります。陶芸家は言います。「始まりと終わりの言葉を思い出すたびに、私の目には今でも涙がこぼれる」。名人と名人が共鳴する「私の履歴書」宗興老師の巻です。

そんな老師の掛搭物語は本書冒頭でも紹介しました。若き日の宗興禅士が道場へ向けて出発する早朝です。いつもは威張っている師匠が土間へ下りてきて、弟子の足もとにうずくまり、ワラジを結びつけようとします。「結構です。自分で履けますから」と言ったら、お師匠さんがこたえたそうです。「めったなことでこの結び目を解くなよ」。涙をボロボロこぼして深々と頭を下げ、道場へ歩いていったそうです。筆者も老師の講演会で実際に拝聴しましたし、いくつもの書籍にも掲載されています。推しの掛搭物語です。

掛搭を現場で取材する

さて、次は新聞記者がレポートした掛搭物語です。もう昔の話になりましたが、昭和五十年秋から五十一年末まで、毎日新聞が「宗教を現代に問う」という連載をしました。シリーズ自体が菊池寛賞を受賞しています。連載のなかに、「新聞記者が雲水になってみた」というルポルタージュがあります。記者が得度《とくど》の儀式をし、藍色の木綿衣《ころも》を着て、道場の玄関の上がりかまちに頭をつけて、二日間坐り込む。それが終わると小さな暗い部屋に閉じ込められての旦過《たんが》詰《つめ》、それを実際にやって記事を書いたのは佐藤健氏（一九四二〜二〇〇二）。新聞記者が書くと掛搭は、次のようなルポになります。

朝八時すぎ、青苔《せいたい》禅道場の山門に、旅装束をして立った。なんだか田舎芝居をしてるみたいでテレくさい。おもむろに玄関に入り、式台のところに浅く腰をかけて低頭し「たのみましょう！」と声をかけろと教えられた。「たのみましょう！」。まったく学芸会だ。そのとたん「声が小さい」とどなられた。もう一度大声で「たのみましょう」。すると奥のほうから「どーれ」、そしてでてきた雲水が聞くのだ。「どなたさまで」

「私、東京都港区三田、龍源寺徒弟、佐藤大仙と申します。当道場に掛塔《ママ》（かとう）いたしたくよろしくおとりつぎくださいい」。

雲水が掛搭する時と、ほぼ同じ体験をして記者は次のように結論づけます。

お前は禅の中に入って、自分自身に出あえたか、と問われたらまったく自信がない。がしかし、ひとつだけ強烈な印象として残っているのは、旦過詰の二日目である。十六時間も壁にむかって坐禅をくんでいることが苦しくて、フッと横をむいたときに見えた雑草がすごかった。それは五〇センチ四方くらいの空間からみえる空地の、なんでもない雑草なのだが、この世のものとも思えないほど美しかった。こんなに美しい緑があるのかと思うほど美しかった。なるほど、禅とはこのような教え方をするのかとそのとき思った。

そして、記者は書きます。「われわれは、あまりにも多くのものを見すぎているために、逆に何も見ていないのではないか」。記事が紙上に載った頃の何倍もの情報を瞬時に取りだせる今、この警鐘が何倍にも大きく響きます。連載の編集長が、「宗教を現代に問うシリーズで最も人気の高かったルポである」。そう讃辞をおくる「新聞記者が雲水になってみた」はいくつもの書籍に転載されています。

今回、引用したのは初出の毎日新聞・昭和五十一年五月十三日朝刊からです。縮刷版で読みました。第一面には、「ロッキード事件に秘密口座」。そんな大きな活字があるけれど三面に「庭詰《にわづめ》」のタイトルとともに、雲水衣《ころも》で道場の玄関のかまちに頭をつけて低頭する記者の写真が掲載されています。読者はその姿に、疑獄事件とは真逆の薫風を感じたにちがいありません。

さて、近頃はコストパフォーマンスとかタイムパフォーマンスとか、世知がらい言葉を聞きます。庭詰も掛搭もそうしたものから、ほど遠い無益な修行です。でも、自らを利することもなく他を利することもなく、ただただ道場の玄関にひれふす若者が今もいるから禅は活きています。ご紹介したい掛搭物語はまだあるのですが、紙幅がつきました。またいつか。

おわりに

知人から尋ねられました。

「なぜ、文章を書いて出版するのですか」

喫茶店で読書をするのが趣味だという知人は、身のまわりに本が収まりきれなくなって、定期的に古本屋へ大放出するのが、ここ数年のならわしだという。本と収納場所の追いかけっこに嫌気がさして、最近は不本意ながら電子書籍に手を出しているらしい。紙の本の手ざわりや開き加減、重さや軽さは捨てがたいけれど、ぜいたくは言っておられない。

それほどの活字好きが発した「なぜ、文を書き本にするのか」という根源的な問いかけに、知人はわたくしに代わって、いくつかの答えを用意していました。いわく、「知識欲？」、「名誉欲？」、「ベストセラーになって、お金がほしい？」。それとも、「仏教と禅を広めたいから」。

どれもこれもわたくしの心を見透かされたようで図星です。「ベストセラーになって……」は見果てぬ夢として、あえて申せばこれでも仏僧禅僧のはしくれ、「教えを広めたい」という思いは確かに自分の奥底に潜んでいます。なんていうと、「ウッソー、教えを広めたいのならば、もっと正面から仏教と禅へ立ち向かえー」。

そんなお叱りが聞こえてきます。おっしゃるとおりです。だから、いつも新たな稿を起こすとき一行目に、「釈尊は……」とか、「そもそも禅は」、あるいは「わが白隠が」といったように、大上段にかまえ書き始めるのですよ。でも、少し書き進んでいくと、わたくしの文章を楽しんでくれる読者の顔が現れて、「つまらなそう」と後ろ姿を見せて、遠ざかっていく風景が、うすぼんやりと浮かんできます。あわてて、「わが白隠」を消して、「ロスな気分と脅しのなかで」といった具合に書きかえるのです。

遠回りせずに、真っ正面から仏教と禅を語れ、そうしたご教示とともに聞こえてくるのは、「もっと自分の体験を語れ」です。これについては、本書の最終節「禅の掛搭物語」の冒頭で、エッセイストの酒井順子氏の言葉を借りて、わたくし自身の体験を、あまり語らない理由を白状しています（自分ではずいぶんと書いているつもりなのですが）。つまり、「二、三流の人が、自分の修業時代や青春譚を熱く記しても、読者は興味を示さない」のです。ならば、四流人間のわたくしはどうすれば良いか。

名人達人怪物が共鳴した残響を探しだし、現代に聞こえる音に編集して、できれば映像も浮かぶような文章で、お届けするのがわたくしの勤めではないか。それが結果的に自己を語ることにもなる。そう思うのです。

平成二十五年に八十七歳で遷化された天台宗大阿闍梨《だいあじやり》・酒井雄哉《ゆうさい》師が著作を出版した時に次のように話されたという。「仏さまに論文を書かされたんだよ」。「仏さまは一人ひとりに違うお題を渡し、人はそれを説くために努力する」。

一回ですら困難な比叡山の千日回峰行を二度も成しとげた行者《ぎょうじゃ》さまと、同じ言葉を口にするのは尊大ですが、わたくしのこの本は、「おまえは、真っ正面からではなくて、ちょっと斜めから、あるいは裏口から仏教を語れ、禅を書け」。そう、仏さまがおっしゃっているのだと思う。

そんな本を世に出すために、今回も春陽堂書店・永安浩美編集長は、静かな覚悟をもって出版を決めてくださいました。また、ブックデザイナーの山原望さんには、素敵なたたずまいの本にしていただき、イラストレーターの川口澄子さんは、仏教に深く潜入している画工として、衣のヒダひとつまで、おろそかにしない絵を描いてくれました。ふたたび、一緒に仕事ができたのがなによりもの幸せでした。

実をいうと最近は、仏さまのこんな声が聞こえてくるのです。

「次はもう少しちがうスタイルで書いてみたら！」

これは幻聴ではなく、しっかりとした励ましだと思う（なんでも都合良く受けとめる性格です）。だから、ご迷惑でも書き続けようかな。読んでは書き、書いては考え、考えてはまた読まない限り、ほんとうのことは姿を見せてくれないのですから。

令和六年八月　地蔵盆の日に

参考文献（本文で明記した書籍を除く）

1章「心を起こせ」

向田邦子著『眠る盃』（講談社文庫）／角田光代＝文・西加奈子＝絵『字のないはがき』（小学館）／朝比奈宗源訳注『臨済録』（岩波文庫）／盛永宗興著『見よ見よ・若き人びとへ』（禅文化研究所）／『日本経済新聞』令和六年一月十三日歌壇より大島光信氏の短歌／司馬遼太郎著『梟の城』（新潮文庫）／『中外日報』令和四年二月二十五日付・「ミュージアム探訪・司馬遼太郎記念館（日野早紀子）」／志賀直哉著『清兵衛と瓢箪』（角川文庫）／柳田聖山著『禅語の四季』（淡交社）／柳田聖山集第六巻『初期禅宗史書の研究』（法藏館）／阿川弘之著『志賀直哉・上下巻』（岩波書店）／吉行和子著『そしていま、一人になった』（集英社）／『国訳一切経・阿含部四（未曾有法経）』（大東出版社）／中村元著『釈尊伝ゴータマ・ブッダ』（法藏館）／山折哲雄著『仏教とは何か（仏陀誕生から現代宗教まで）』（中公新書）／松原哲明著『ブッダの生涯とそのおしえ』（霊雲本庵）／松原哲明著『心は遠くブッダのあとをつぎ』（佼成出版社）／興膳宏著『仏教漢語50話』（岩波新書）／中村元訳『真理のことば感興のことば』（岩波文庫）／中村元訳『ブッダのことばスッタニパータ』（岩波文庫）／永田久著『暦と占いの科学』（新潮選書）／石毛直道著『道草を食いながら』（岩波書店）／戸川芳郎監修『全訳漢字海』（三省堂）／木村静雄著『妙心寺六百五十年の歩み』（妙心寺大法会事務局）

2章「捨てて休んで」

茨木のり子著『椅りかからず』（ちくま文庫）／高橋源一郎著『飛ぶ教室』（岩波新書）／小川隆著『唐代禅僧たちの生涯20』（月刊『大法輪』２０２０・４月号）／松原朗・衣川賢次・小川隆『祖堂集研究会報告之二』（東洋文化研究所紀要第百四十冊）／日本古典文学大系85『沙石集』（岩波書店）／日本思想大系12『道元・上』（岩波書店）／『白樂天山』（白楽天山保存

会）／松永安左エ門自伝『電力の鬼』（毎日ワンズ）／沢木耕太郎著『旅する力』（新潮文庫）／沖本克己著『禅の思想とその流れ』（世界聖典刊行協会）

3章「整える」

正岡子規著『仰臥漫録』（角川ソフィア文庫）／金森敦子著『芭蕉はどんな旅をしたのか』（晶文社）／藤原東演著『空気は読むものではない。吐いて吸うもの』（あさ出版）／瀬戸内寂聴・玄侑宗久対談集『あの世この世』（新潮社）／佐々木奘堂著『赤ちゃんから学ぶ端正な坐り（正身端坐）』（季刊『禅文化』2023年1月号・禅文化研究所）／石見清裕訳註『貞観政要』（講談社学術文庫）

4章「覚める」

本郷和人著『「失敗」の日本史』（中公新書ラクレ）／大住広人著『映画監督・松林宗惠』（仏教伝道協会）／夫馬基彦著『西洋は物語り、東洋は瞑想する』（1991年7月号『群像』講談社）／対談新井満ぺ・ヨンギュン「達磨はなぜ東へ行ったか」（1991年7月下旬号『キネマ旬報』キネマ旬報社）／沖秀彦著『ペ・ヨンギュンはなぜ冥王星なのか』（1991年7月下旬号『キネマ旬報』キネマ旬報社）／松林宗惠著『東洋的瞑想の世界』（1991年7月下旬号『キネマ旬報』キネマ旬報社）／立花隆著『青春漂流』（講談社文庫）／丸山一彦著『一茶俳句集』（岩波文庫）

5章「浪を静めて」

柳田聖山著「無著道忠の学問」（禅学研究第55号／昭和四十一年二月・花園大学）／中村俊定校注『芭蕉俳句集』（岩波文庫）／福田浩訳『豆腐百珍』（教育社）／福田浩著『江戸料理をつくる』（教育社）／川口久雄訳註『和漢朗詠集』（講談社学術文

庫）／玄侑宗久著『竹林精舎』（朝日新聞出版）／江田智昭著『お寺の掲示板入門』（本願寺出版社）／中村元編集『仏教行事散策』（東京書籍）／岩崎弘訳『童蒙おしえ草・ひびのおしえ』（角川ソフィア文庫）／五来重著『鬼むかし』（角川ソフィア文庫）／伊集院静著『琥珀の夢・下巻』（集英社文庫）／飯田一史著『「若者の読書離れ」というウソ』（平凡社新書）／『鈴木大拙全集・第三十巻』（岩波書店）／小川隆著『漱石の公案』（『図書』2019年2月号・岩波書店）／『日本経済新聞』令和六年五月二十五日歌壇より福島隆史氏の短歌／酒井順子著『日本エッセイ小史』（講談社）／楽吉左衛門著『楽焼創成』（淡交社）／毎日新聞社編『宗教を現代に問う3』（毎日新聞社）／『宗教を現代に問う・中』（角川文庫）／佐藤健著『生きる者の記録』（毎日新聞社）／佐藤健著『ルポ仏教—雲水になった新聞記者』（佼成出版社）

おわりに

『日本経済新聞』令和六年六月十五日「リーダーの本棚」より村木厚子『働き続ける心の栄養剤』／唐木順三著『無常』（筑摩叢書）

またまた　おうちで禅《ぜん》

二〇二四年　一〇月二〇日　初版第一刷　発行

著　者　花岡博芳

発行者　伊藤良則
発行所　株式会社　春陽堂書店
〒104-0061
東京都中央区銀座3-10-9 KEC銀座ビル
電話　03-6264-0855（代）
https://www.shunyodo.co.jp/

印刷・製本　中央精版印刷株式会社

本書へのご感想は、contact@shunyodo.co.jp
定価はカバーに表記してあります。

ISBN978-4-394-90498-4　C0095